Roland Axen Wildberg

Wir vom Jahrgang

1972

Kindheit und Jugend

Impressum

Bildnachweis:

Umschlag: Privatarchiv Lücke (vorne); Hombre auf wikivoyage shared, CC BY-SA 3.0, via Wikimedia Commons (hinten).

Innenteil: Privatarchiv Lücke: S. 4, 6, 7, 9 u., 10 l./r., 12, 13 o./u., 14 o., 16 o./u., 20, 21, 24 u., 25 o./u., 32, 34, 36, 42, 45, 47, 61, 63 o.; ullstein bild – United Archives/Wittmann: S. 8; ullstein bild – ullstein bild: S. 9 o., 30, 38; ullstein bild – Lehnartz: S. 19; ullstein bild – AP: S. 27, 31; ullstein bild – Sven Simon: S. 29; ullstein bild – United Archives: S. 37; ullstein bild – United Archives/kpa: S. 39; ullstein bild – R. Janke: S. 41; ullstein bild – Kohr: S. 44; ullstein bild – dpa: S. 48; ullstein bild – Klöckner: S. 51; ullstein bild – Joachim Schulz: S. 52; ullstein bild – Franz E. Möller: S. 55, 60; ullstein bild – Fischer Project: S. 57; ullstein bild – Ritter: S. 62; ullstein bild – Kreutschmann (L): S. 63 u.; picture alliance/dpa/dpa: S. 11 o.; picture alliance/dpa/Ipol Arroyo: S. 11 u.; Geobra Brandstätter GmbH & Co. KG, Zirndorf: S. 14 u.; Archiv Lücke, Foto Rienäcker: S. 15; Hombre auf wikivoyage shared, CC BY-SA 3.0, via Wikimedia Commons: S. 17; Smilingsun.org/OOA Fonden: S. 23 l.; www.blauer-engel.de: S. 23 r.; © Verlag Friedrich Oetinger GmbH, Foto Olaf Dellit: S. 24 o.; Privatarchiv Rienäcker: S. 26; Vwexport1300, CC BY-SA 3.0, via Wikimedia Commons: S. 33; Bettina Deuter: S. 35; Privatarchiv Rickling: S. 49 o./u.; Privatarchiv Keß: S. 53; R. B./pixelio.de: S. 54; pixelio.de: S. 56; Privatarchiv Tietenberg: S. 59.

Wir danken allen Lizenzträgern für die freundliche Abdruckgenehmigung.
In Fällen, in denen es nicht gelang, Rechtsinhaber an Abbildungen zu ermitteln, bleiben Honoraransprüche gewahrt.

9. Auflage 2022
Alle Rechte vorbehalten, auch die des auszugsweisen Nachdrucks und der fotomechanischen Wiedergabe.
Gestaltung und Satz: r2 | Ravenstein, Verden
Druck: Druck- und Verlagshaus Thiele & Schwarz GmbH, Kassel
Buchbinderische Verarbeitung: Buchbinderei S. R. Büge, Celle
© Wartberg-Verlag GmbH
34281 Gudensberg-Gleichen • Im Wiesental 1
Telefon: 056 03/9 30 50 • www.wartberg-verlag.de
ISBN: 978-3-8313-3072-0

Liebe 72er!

„Die meisten von uns stammen aus ihrer Kindheit wie aus einem Land", hat Antoine De Saint-Exupery einmal geschrieben, und auch auf uns 72er trifft das zu. Schon allein, weil das Land unserer Kindheit, die gute alte BRD mit ihren gelben Telefonzellen, ihrem unschuldigen Kunststoff- und Fernsehshow-Wohlstand und mit den armen Brüdern und Schwestern hinter der Zonengrenze, einfach nicht mehr existiert. Aber das ist kein Grund zum Weinen – eher zum Lachen: Unsere liebe bunte Vergangenheit hat uns so harmlos behütet, dass wir noch heute von ihr zehren können. Unsere sorgenfreie Kindheit verdanken wir den zwei Erhards – dem dicken Ludwig mit dem dicken Stumpen und dem nicht minder dicken Heinz mit der dicken, schwarzen Brille … Sie beide hatten die Weichen gestellt: Lustige Reime und soziale Marktwirtschaft; und diese beiden Highlights in Kombination bildeten dann 30 Jahre lang den Rahmen für ein Leben in Wohlstand und Wonne. So gut ist's so vielen noch nie gegangen und wird's auch nie wieder gehen. Im Prinzip sind wir ja die Letzten, die noch alles in vollen Zügen genießen durften. Noch vor dem Pillenknick, um genug Spielkameraden zu haben, und lange vor dem Ende der freien Welt durch die Befreiung der unfreien … Wie? Ja, der Mauerfall, den wir als Krönung unserer Jugend miterleben durften. Geschichte wurde gemacht, direkt neben uns. Wir ahnten noch nicht, dass mit diesem sensationellen Ereignis auch unsere Geschichte neue Wege gehen würde. Nach Osten, nach Westen, nach oben oder unten. No future? Oh doch, denn inzwischen haben einige von uns sogar schon Enkel, haben sich also für die Zukunft entschieden. Und wir können ihnen was erzählen – aus einem friedlichen Land, vor langer Zeit. Auf den nächsten Seiten könnt ihr euer Gedächtnis auffrischen …

Roland Axen Wildberg

Krabbelecke

Wendejahr der Demografie

Irgendwann, es mag am 1. Januar 1972 gewesen sein, vielleicht war es auch der 31. Dezember oder irgendwann dazwischen, machten wir uns auf den Weg. Wir waren etwa 900 000, ungefähr im Verhältnis

Chronik

28. Januar 1972
Die Regierung Brandt beschließt den „Radikalenerlass" – Mitglieder „extremer Organisationen" können danach aus dem Öffentlichen Dienst entfernt werden.

1. Juni 1972
Andreas Baader und zwei weitere Mitglieder der terroristischen Rote Armee Fraktion (RAF) werden nach einer wilden Schießerei in Frankfurt festgenommen.

26. August 1972
Die XX. Olympischen Sommerspiele in München beginnen. Sie enden tragisch, als arabische Terroristen israelische Sportler kidnappen und ermorden.

15. Januar 1973
Auf Anordnung von US-Präsident Richard Nixon stellen die Vereinigten Staaten die Kriegshandlungen gegen Nordvietnam vollständig ein.

11. September 1973
In Chile kommt Präsident Salvador Allende bei einem Militärputsch ums Leben.

6. Oktober 1973
Syrien und Ägypten greifen Israel an – der Jom-Kippur-Krieg endet mit einer kompletten Niederlage für die Araber.

25. November 1973
In der Bundesrepublik wird aufgrund der anhaltenden Ölkrise erstmals ein Sonntagsfahrverbot erlassen.

6. Mai 1974
Willy Brandt tritt im Zuge der Affäre um den DDR-Spion Günter Guillaume zurück. Helmut Schmidt wird sein Nachfolger.

7. Juli 1974
Bei der Fußballweltmeisterschaft in Deutschland gewinnt der Gastgeber im Endspiel gegen die Niederlande mit 2:1.

9. August 1974
Richard Nixon tritt infolge der Watergate-Affäre zurück. Sein Nachfolger wird Gerald Ford.

7. Oktober 1974
Die DDR-Regierung beschließt, in der Verfassung das Ziel der Wiedervereinigung zu streichen. Ebenso verschwinden die Begriffe „Deutsche Nation" und „Deutschland" aus dem Gesetzestext.

50:50 in rosa bzw. himmelblaue Frottee-Strampler gekleidet, und wir verschafften uns rasch Gehör: Hunger! So war das schon immer. Neu war, dass viele junge Mütter sofort nach der Geburt zur Flasche griffen – Fertigmilch statt Stillen war praktisch und entsprach dem Geist der Zeit. Dass langes Stillen an der Brust das Allergierisiko mindert, wusste man damals noch nicht. Aber erstmal waren wir satt.

Auch für die öden Stoffwindeln mit Gummihöschen, in die uns unsere Eltern anfangs noch in alter Tradition wickelten, gab es bald Ersatz: Ein Jahr später kamen Pampers-Wegwerfwindeln auf den deutschen Markt. Auch anderweitig ging es mit dem Fortschritt voran: Die Ostverträge leiteten eine neue Ära zwischen Deutschland und den Nachbarstaaten im Osten ein. Großbritannien, Norwegen, Dänemark und Irland traten der EG bei. Ein Abfallbeseitigungsgesetz wurde vom Bundestag verabschiedet, das erstmals eine Wiederverwertung von Rohstoffen vorsah. Der Wehrdienst wurde von 18 auf 15 Monate verkürzt. Und Bayern war mal wieder Meister. Zugleich ging's seit unserem Erscheinen so richtig bergab mit Deutschland: Seit 1972 gibt es in der Bundesrepublik weniger Geburten als Todesfälle – sicheres Zeichen für eine sinkende Bevölkerungszahl. Uns war's egal; genug Spielkameraden hatten wir damals immer.

Pampers

Eine Marke wurde zum Synonym der Wegwerfwindel: Pampers. Erfinderin des praktischen Baby-Accessoires war die Amerikanerin Marion Donovan Anfang der 50er-Jahre. Das Produkt zum Verhätscheln – das heißt „to pamper" auf Englisch – wurde 1973 offiziell auf den deutschen Markt gebracht. Von Nachteil ist allerdings der Windel-Müllberg: Ihn abzubauen benötigt pro Jahr die Kapazität von sieben Müllverbrennungsanlagen.

Das war das Jahr 1972

Uns wurde viel in die Wiege gelegt. Wer wusste schon, dass am 1. August dieses Jahres die Erstausgabe der Zeitschrift „Playboy" in deutscher Sprache auf den Markt kam? Dass in Schweden vier Künstler mit Namen Björn und Benny, Anni-Frid und Agnetha ihre erste Single aufnahmen? Als ABBA sollten wir sie später selbst kennenlernen und mitunter sogar abgöttisch verehren. Unser Erscheinen wurde natürlich auch von staatlichen Institutionen gebührend begangen: So beschloss der Deutsche Bundestag am 9. Juni, das Wahlalter künftig von 21 auf 18 Jahre abzusenken – natürlich nur für uns! Und für unsere späteren Schulausflüge in die „DDR" hatten beide deutsche Staaten am 3. Juni schon mal das Transitabkommen vereinbart.

Mit Oma in die Anlagen …

Mit Polen und Ägypten wurden diplomatische Beziehungen aufgenommen, damit wir später einmal dorthin verreisen könnten. Apropos Reise: Die Serie „Raumschiff Enterprise" wurde am 27. Mai zum ersten Mal auf deutsche Mattscheiben „gebeamt". Dieses Ereignis von galaktischem Rang spiegelten die vorletzte und letzte Mondlandemission Apollo 16 und 17, die vom 16. bis zum 27. April sowie 7. bis 19. Dezember 1972 dauerten und ohne Komplikationen verliefen, in der Realität nur recht dürftig wider. Auch sportlich wurde unsere Ankunft gefeiert: Die Olympischen Spiele im japanischen Sapporo und in München fanden in diesem Jahr ebenso statt wie die Fußballeuropameisterschaft, bei der die Deutschen in Belgien den Titel gewannen; und Bobby Fischer wurde im „Match des Jahrhunderts" Schachweltmeister gegen den Russen Boris Spasski, den er niemals vorher geschlagen hatte. Was noch passierte? Kanzler Willi Brandt setzte sich erfolgreich gegen ein Misstrauensvotum durch – gut so, Misstrauen gleich am Anfang konnten wir gar nicht gebrauchen! Fünf ehemalige IBM-Mitarbeiter gründeten eine Softwarefirma im süddeutschen Weinheim, die sie „Systemanalyse und Programmentwicklung" nannten – ein weiterer Gigant war geboren, nämlich der IT-Riese SAP. Und der Club of Rome veröffentlichte „Die Grenzen des Wachstums". Wir waren damit zum Glück nicht gemeint: Die aufsehenerregende Studie prophezeite der kapitalistischen Konsumgesellschaft ein düsteres Ende, da sie auf Kosten der Umwelt wirtschafte. Nun ja ...

RAF-Fahndungsplakate sahen
wir in den 70er-Jahren überall.

Bewegte Zeiten

Die Mörder waren unter uns, doch wir schlummerten selig in unseren rüschenverkleideten Körbchen: Die Bundesrepublik wurde 1972 erstmals von terroristischen Anschlägen in Atem gehalten. Die „Friedensspiele" in München wurden blutiger Ernst, als eine arabische Terrorgruppe ins Olympische Dorf eindrang und israelische Sportler als Geiseln nahm, um Komplizen freizupressen. Ein Befreiungsversuch scheiterte, insgesamt starben 16 Menschen.

Die linksradikale Rote Armee Fraktion (RAF), gegründet 1970 von Andreas Baader, Ulrike Meinhof, Gudrun Ensslin und anderen, wollte mit dem „bewaffneten Kampf" den politischen Umsturz der Bundesrepublik provozieren. Im Klartext: Bombenattentate auf konservative Politiker, Industrielle und prominente Strafjuristen wurden mit Banküberfällen finanziert. In der Studentenbewegung der 68er lag ihr Ursprung – doch bald gingen ihnen deren Ziele nicht mehr weit genug. Am 2. April 1968 hatten vier der späteren RAF-Gründer in Frankfurter Kaufhäusern Brände gelegt – das sollte Ausdruck des Protests gegen den Krieg der USA in Vietnam sein. Die Beschuldigten tauchten unter, Baader wurde verhaftet, doch am 14. Mai 1970 von Ulrike Meinhof gewaltsam befreit. Dies gilt als die Geburtsstunde der RAF. Wenn wir was davon mitkriegten, waren es „Ede" Zimmermanns gerunzelte Stirn, wenn bei „Aktenzeichen XY" ab 20.15 Uhr mal wieder nach untergetauchten Terroristen gefahndet wurde oder wenn wir Mami ins Amt begleiteten und die düsteren Visagen der Gesuchten auf Fahndungsplakaten uns schaudern ließen. Terroristen? Die kamen gleich nach Gangstern, aber gespielt haben wir dann doch lieber

Cowboy und Indianer – was „Terroristen" tun und planen, hat sich unseren Kinderseelen damals (zum Glück) noch nicht erschlossen.

Motivation der Handvoll mordbereiter junger Leute aus wohlhabenden bürgerlichen Kreisen war abgrundtiefer Hass gegen die Gesellschaftsordnung der Bundesrepublik Deutschland, der sie eine verhängnisvolle Nähe zum untergegangenen „Dritten Reich" unterstellten. Gegen das Establishment, gegen die USA, gegen den Kapitalismus richteten sich ihre Bombenattentate und Mordtaten. Bis zu ihren Festnahmen im Juni 1972 ermordeten die Mitglieder der „Ersten Generation" vier Menschen und verletzten mehr als 30. Und selbst hinter Gittern riefen sie weiter zum „Kampf" auf.

Am 24. April 1975 setzte mit der Besetzung der deutschen Botschaft in Stockholm die Terrorwelle der „Zweiten Generation" der RAF ein, die mit den Inhaftierten sympathisierte. Sie war ungleich härter und gipfelte 1977 im „Deutschen Herbst", als Arbeitgeberpräsident Hanns-Martin Schleyer entführt und später ermordet wurde. Am 20. April 1998 verkündete die RAF – nunmehr in der „Dritten Generation" – ihre Auflösung.

Die Maus

Wir kamen nicht allein auf die Welt
– mit uns wurde im Januar 1972 ein
augenzwinkerndes Wesen geboren,
das uns noch lange begleiten sollte.
Ehrlich gesagt: Noch heute haben wir
es gern am Sonntagvormittag zu

Auch Mäuse müssen sauber sein.

Besuch in der Guten Stube. Wer kennt es nicht? Ein zwinkerndes Wesen ist es
im doppelten Wortsinn, denn dieses kugelige Nagetier gibt nur drei Töne von
sich: Es schnauft, es grunzt, und es klappert mit den Augendeckeln, wenn es
allein oder in Begleitung des kleinen blauen Elefanten witzige Abenteuer
erlebt. 1971 hatte der WDR seine „Lach- und Sachgeschichten" gestartet, die
kurzen Zeichentrick-Episoden mit der Maus kamen bald dazu. Als man beim
WDR mitbekam, dass kleine und große Zuschauer ohnehin immer nur von der
Sendung mit der Maus sprachen, erhielt die Sonntagsserie eben diesen Titel.
Im Februar 1975 kam der Elefant hinzu, 1987 stieß die kleine gelbe Ente zum
Star-Paar. Wie viele Millionen Kinder haben sich krumm gelacht über die
tollpatschigen drei? Wie viele sonntags schon beim Frühstück voller Ungeduld
ihre Eltern genervt? Fiel sie mal aus, wegen irgendwelcher Formel-1- oder Rad-
renn-Übertragungen, war zumindest das Wochenende verdorben. Die Maus
war wie wir, oder wir waren die Maus: Mit Trippelschritten und schnüff-schnüff
entdeckten wir die Welt; und wir haben dabei noch heute die freundliche
Stimme von Sprecher Christoph Biemann im Ohr, wenn er die Sachgeschichte
anmoderierte: „Das ist der Herr Soundso – sieht ganz nett aus. Isser auch …"
Wir haben die Maus ins Herz geschlossen – und ihren satirischen Unterton
oftmals erst Jahre später entdeckt.

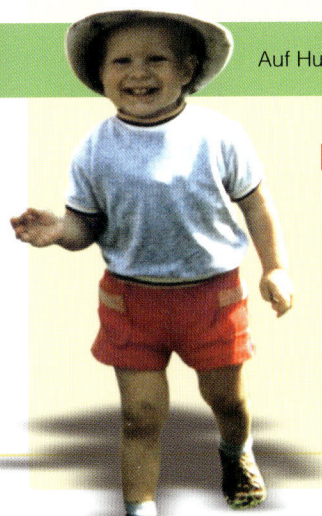

Auf Humboldts Spuren.

Modeopfer

Uns machten die 70er-Jahre wenig aus, wir hatten zum
Glück noch keinen Blick für ästhetische Naturkatastro-
phen wie Langhaarfrisuren, komische bunte Jackets mit
riesigen Kragen, Aufschlägen, breiten Krawatten, ebenso

1. bis 3. Lebensjahr

Lässig an Omas Kaffeetisch.

breiten Gürteln, alles mit ebenso gewaltigen Mustern bedeckt, dazu überdimensionierte Sonnenbrillen, funkelnde flatschgroße Knöpfe – eine Karikatur von Mode. Heute lachen wir uns über Fotos und Filme mit Abbildungen modebewusster Menschen jener Jahre schief, als Krabbler und aus der Sandkastenperspektive fielen sie nicht auf; es waren ja nur Erwachsene …

Die WM bei uns zu Hause

Wir können uns nicht mal an die Übertragungen im Fernsehen erinnern, denn auf unserer Augenhöhe waren höchstens Papas Knie. Unser Spielfeld war das Kinderzimmer, und der Fernseher stand weit weg von Spielsachen, Schaukelpferd und Bilderbüchern. Wir waren noch immun gegen das Geflimmer, und die Regeln des Rasenspiels wohl auch viel zu kompliziert. Einzig der begeisterte Ausruf „Beckenbauer!" meines Vaters ist mir im Ohr geblieben, wenn der

Sendlinger Franz mal wieder in Ballbesitz kam. Den Namen merkte ich mir vor denen von Breitner, Overath, Müller oder Netzer, weil er anders klang. Aber vielleicht geschah das auch ein paar Jahre später … Sensation in der Vorrunde war in der ersten WM auf deutschem Boden die Begegnung zwischen ost- und westdeutschen Kickern, die Jürgen Sparwasser für die DDR mit 1:0 entschied. Die Sensation ging an uns vorbei, ebenso die sich bessernde Leistung der Westdeutschen, die trotzdem weitergekommen waren und mit Glück und Kampfeswillen schließlich gegen die Niederlande mit 2:1 Weltmeister von 1974 wurden.

Gwyneth Paltrow und Ben Affleck.

Prominente 72er

13. Jan.	**Stefan Beinlich**, deutscher Fußball-Nationalspieler
17. Jan.	**Benno Fürmann**, deutscher Schauspieler
1. Feb.	**Christian Ziege**, deutscher Fußballprofi und Trainer
15. Feb.	**Michelle**, eigentl. Tanja Oberloher, deutsche Schlagersängerin
16. Feb.	**Grit Breuer**, deutsche Leichtathletin
22. Feb.	**Claudia Pechstein**, deutsche Eisschnellläuferin
16. April	**Conchita Martínez**, spanische Tennisspielerin, Wimbledon-Siegerin
10. Mai	**Katja Seizinger**, deutsche Skisportlerin
23. Mai	**Nadja Uhl**, deutsche Schauspielerin
15. Aug.	**Ben Affleck**, US-Schauspieler
30. Aug.	**Cameron Diaz**, US-Schauspielerin
25. Sept.	**Steven Gätjen**, TV-Moderator
28. Sept.	**Gwyneth Paltrow**, US-Schauspielerin
1. Okt.	**Aleksandra Bechtel**, TV-Moderatorin
17. Okt.	**Eminem**, eigentl. Marshall Bruce Mathers III; US-Rapper
3. Nov.	**Hubertus Heil**, Mitglied des Bundestages der SPD
22. Dez.	**Vanessa Paradis**, französische Schauspielerin
29. Dez.	**Jude Law**, britischer Schauspieler

Wir Spielkinder

Mit Gummistiefeln und in Trachten-
janker für draußen gewappnet.

Sandkastenspiele

Wir kamen ganz groß raus, zumindest bis zum Spielplatz. Den gab's üblicherweise im Neubaugebiet und
in der Wohnsiedlung, manchmal aber auch nicht.
Das Leben erprobten wir mit drei Jahren im Sand-
kasten – auf die Schaukel kamen wir noch nicht.
Bereits 1967 wurde der erste offizielle „Abenteuer-
spielplatz" in Berlin eingeweiht, fortan überboten
sich Landschaftsarchitekten mit gewagten
Konstruktionen, die unsere Kletterkunst fördern
sollten – Vorbereitung auf die Karriereleiter der
Zukunft. Vornehmlich ging's uns ums Buddeln.

Bad in den Wellen.

Chronik

24. April 1975
Die deutsche Botschaft in Stockholm wird von Terroristen des „Kommando Holger Meins" überfallen. Zwei Mitglieder der Auslandsvertretung werden getötet.

21. Mai 1975
In Stuttgart-Stammheim beginnt der Prozess gegen die Mitglieder der Baader-Meinhof-Gruppe Ulrike Meinhof, Andreas Baader, Jan Carl Raspe und Gudrun Ensslin.

4. April 1976
In Kambodscha wird der amtierende Generalsekretär der Roten Khmer, Pol Pot (1925–1998), zum Ministerpräsidenten ernannt. Im Verlauf der folgenden radikalen Umgestaltung von Staat und Gesellschaft werden zwischen ein und zwei Millionen Menschen ermordet.

9. Mai 1976
Die RAF-Terroristin Ulrike Meinhof wird erhängt in ihrer Zelle aufgefunden.

10. Juli 1976
Durch eine Explosion in einem Chemiewerk kommt es im oberitalienischen Seveso zu einer der größten Umweltkatastrophen dieses Jahrhunderts.

16. November 1976
Während einer Tournee des Liedermachers Wolf Biermann durch Westdeutschland beschließt das Politbüro der DDR dessen Ausbürgerung.

11. Mai 1977
Gründung der „Umweltschutzpartei" (USP) in Niedersachsen. Am 16. November nennt sie sich in „Grüne Liste Umweltschutz" (GLU) um.

18. Oktober 1977
Die von Terroristen entführte Lufthansa-Maschine „Landshut" wird in Mogadischu vom Bundesgrenzschutz gestürmt. Als Reaktion begehen die inhaftierten Terroristen Baader, Ensslin und Raspe, die durch die Entführung freigepresst werden sollten, Selbstmord.

19. Oktober 1977
Der von Terroristen entführte Arbeitgeberpräsident Hanns-Martin Schleyer wird tot aufgefunden.

Mein erster Schnee!

Manchmal regnete es auch. Dann waren unsere Favoriten Märchenschallplatten und die ersten Hörspiele – wir waren Europa-Patrioten, denn seit 1965 vertonte das Unternehmen Miller International Schallplatten GmbH in Hamburg-Quickborn auf Vinyl alles, was die Kinderfantasie anregte. Unser Star hieß damals (noch) nicht Micky Maus,

4. bis 6. Lebensjahr

sondern Hans Paetsch. Seine freundliche Stimme begleitete durch spannende Märchen, verrückte Gespenstergeschichten, Abenteuer und Krimis.

Omas Märchen sind die besten Hörspiele.

Hans Paetsch

Hans Paetsch ist für viele unserer Generation unbewusst zum prägenden Vorbild geworden. Seine Stimme war uns vertrauter als die von Onkel Theo, wir mochten ihn lieber als den Weihnachtsmann, und er war wirklich immer für uns da – als Sprecher von unzähligen Märchen, Abenteuer- und Detektivgeschichten, die vom Label Europa erst auf Vinyl, später als Musikkassetten herausgegeben wurden. 1909 wird unser Idol im Elsass geboren. Schon bald erkannte der

Philologiestudent seine Liebe zum Theater; er begann auf norddeutschen Bühnen. Nach dem Zweiten Weltkrieg kam er zum Ensemble des Thalia Theaters in Hamburg und blieb ihm bis zur Pensionierung treu. Doch das wäre einerlei, hätte Paetsch nicht seine vielseitige Stimme als mitreißender Erzähler unseren Regentagen gewidmet. 2002 ist er gestorben – gäbe es mehr von seinem Schlage (und mit seiner Stimme!), wäre die Welt bestimmt um einiges besser …

David gegen Goliath oder das Duell der Plastikmännchen

Die kleinen Plastikmännchen verloren nie das Lächeln. Ihre Welt war in Ordnung, so wie unsere: Sie konnten alles greifen, trugen jeden Hut und blieben immer auf dem Boden der Tatsachen (nur Omas flauschiger Flokati brachte sie aus der Balance). Frühe Rivalen hatten sie souverän aus dem Felde geschlagen. Erinnert ihr euch noch an Play Big, die schlaksigen Konkurrenten? Mehr als

Klein, aber unbesiegbar.

einen Kopf größer, waren sie auch beweglicher als die Knirpse aus Zirndorf, hatten im Gegensatz zu ihnen Fußgelenke und lächelten auch nicht so penetrant wie die Playmobil-Fraktion. Aber sie fielen leichter um. Kostete sie das den Sieg? Erteilten uns also die Männchen eine erste Lektion in Sachen Überlebenskunst (sei nicht zu beweglich, verliere nie dein Lächeln, sei nicht zu groß, bleib stehen!)? Egal, die Zeit ging darüber hinweg.

Und Playmobil einte uns. Dort war die Gleichberechtigung früher umgesetzt: Während die Kleider tragenden Playmobilinnen ohne Weiteres Auto fahren, Gewehre schultern und Festungstürme erklimmen konnten, warb unser Werbefernsehen noch immer mit der Hausfrau in der Küche und dem treusorgenden Ehemann am Steuer des eigenen Kfz. Wir Kinder saßen natürlich hinten, gelegentlich sogar angeschnallt. Unsere Eltern fuhren Audi 80, Opel Ascona oder auch mal einen Mercedes Strich-Achter, wir ließen derweil Matchbox- oder Corgi-Autos über die Rückbank kurven – Star war der Aston Martin von James Bond mit Maschinengewehren unter den Scheinwerfern und funktionsfähigem Schleudersitz. Wer den besaß, wurde von allen Jungen beneidet.

Auch heute noch beliebte Sammlerobjekte: die Monchhichis.

Affenbande

Am 26. Januar 1974 kamen sie offiziell zur Welt: die Monchhichis. Etwa 20 Zentimeter messende plüschige Äffchen, die wunschweise den Daumen optimistisch in die Höhe reckten oder daran lutschend in den Mund steckten. Nach dem Willen ihres menschlichen Vaters Koichi Sekiguchi sollten sie als Botschafter in aller Welt Kindern „die Schönheit der Liebe" nahebringen. Sekiguchi brachten sie Geld: Sündhaft teure 19,99 Mark kostete eines der kleinen braunen Äffchen mit den verträumten blauen Augen. Wie viele in den Fabriken des größten japanischen Spielzeugproduzenten insgesamt schlüpften, ist nicht bekannt. Aber bereits die ersten lösten eine wahre Monchhichi-Manie aus. Zwei Jahre später eröffnete Sekiguchi die „Monchhichi-Boutique" mit Kleidern, Hüten und Schühchen sowie allerlei nützlichem Accessoire vom Schaukelstuhl bis zum Flugzeug, natürlich in allen verschiedenen Farben und Genres. Auch heute noch sind die braunen Äffchen ein beliebtes Sammlerobjekt – über die Herkunft ihres Namens herrscht Ungewissheit und auch bei der Frage der richtigen Aussprache scheiden sich die Geister. Im Ausland macht man es sich leichter: Die Franzosen nennen die Kuscheltierchen „Kicki", die Engländer „Chica-Boo".

4. bis 6. Lebensjahr

Ich bin schon ziemlich groß.

Kindergarten

Morgens früh aufstehen, anziehen, zur „Arbeit" – mit vier hat man da schon Routine: Kindergartenzeit! Ob als Vorschule, Kinderladen alternativ angehaucht oder neben der Kirche von den gestrengen Gemeindeschwestern geleitet, diese organisierte Spiel- und Bastelzeit hat uns allen viel beigebracht. Zum Beispiel Pünktlichkeit, denn wer zu spät zum gemeinsamen zweiten Frühstück kam, wurde von der versammelten Kinderbande schon mal hämisch ausgebuht: „Zu-spät-ge-komm!" Selbst die reichsten Kinder hatten nicht so viel Spielzeug, wie es im Kindergarten gab. Riesenhohe

Soziale Interaktion im Kindergarten – so nennen die Erwachsenen das wohl.

Türme aus Bauklötzen bauen, Legostädte konstruieren oder mit seinem Lieblingstretroller einen neuen Geschwindigkeitsrekord aufstellen. Basteln mit Schere und Alleskleber, im Wald Blätter sammeln, zu Weihnachten Plätzchen backen, Lieder singen oder herumtoben. Einige der neuen Spielkameraden wurden zum Kindergeburtstag eingeladen und schockierten Eltern mit neuartigen Tischsitten. Und wenn uns mal gar nicht nach „Arbeit" war, blieben wir notfalls auch zu Hause – ohne Krankschreibung, das Leben war ja so einfach!

Glücklich ohne IT

Was war denn das für eine Zeit? Kaum ein Vater hatte schon einen Computer, geschrieben wurde, wenn überhaupt, auf der Schreibmaschine. Wer etwas vervielfältigen wollte, schrieb in Schönschrift auf „Matritze", die dann im Kopierapparat des Schulsekretariats für die gesamte Klasse Kopien ergab. Taschenrechner hatten einen Netzanschluss, waren klobig wie Kassettenrekorder (auch so ein Ding!) und besaßen ein hässliches flimmerndes Display. Anrufbeantworter waren eine Seltenheit und im Telefonbuch durch ein Sonderzeichen markiert. Die meisten Telefone waren mausgrau mit elfenbeinfarbenen Sprech- und Hörmuscheln, hießen FeTAp 611 und wurden von 1963 bis 1984 in 20 Millionen Exemplaren gebaut. Dieser offizielle „kieselgraue" Apparat war schwer und unauffällig, ein Stück westdeutsche Bundesrepublik für jeden Haushalt. Das Klingeln wird uns immer in den Ohren bleiben. In den Amtsstuben stand sogar noch W48 aus der Nachkriegszeit, das flößte allein durch sein würdevolles Äußeres und die feierliche schwarze Farbgebung Respekt ein. Die gelben Telefonzellen sahen wir nur von Weitem, „Ruf' doch mal an" stand drauf. Telefonieren kostete damals noch zehn Pfennig. Sogar Telefonbücher hingen in jedem dieser gelben Häuschen, und niemals fehlte auch nur eine Seite. Oder?

Fibel und Tornister

Einschulung

Wer hat die größte Tüte? Natürlich war das die wichtigste Frage. Und immer gab es da noch ein fremdes Kind, das schwerer trug an seiner Zuckertüte, in der längst nicht mehr nur Zucker enthalten war. Eltern und Großeltern im Defilee, stolperten wir zumeist im Spätsommer 1978 zur Schule. Vor dem Klassenzimmer musste man das Gepäck abgeben. Nur mit dem viel zu großen Tornister auf dem Rücken ging's zur ersten Stunde. Danach war dann zum Glück auch schon wieder Schluss, man schien alles richtig gemacht zu haben.

Der Tornister wurde übrigens das erste Prestigeobjekt unserer Generation: Wer einen „Scout" sein Eigen nannte, hatte nicht nur viel mehr Stauraum für Bücher, Turnbeutel und Pausenbrote, er trug auch ein Logo und war irgendwie besser. Vor allem konnte er das stabile Ding umgekehrt – also auf dem Bauch

Chronik

26. Juli 1978
In England kommt das erste außerhalb des Mutterleibes gezeugte Kind zur Welt. Die Befruchtung wurde im Reagenzglas vorgenommen.

16. Oktober 1978
Der polnische Kardinal Karol Wojtyla wird zum neuen Papst gewählt. Papst Johannes Paul II. ist seit 455 Jahren der erste nicht-italienische Papst.

16. Januar 1979
Nach fast 38 Jahren verlässt der Schah von Persien, Mohammad Resa Pahlawi (1919–1980), den Iran. Die radikalislamischen Mullahs übernehmen die Herrschaft.

17. Januar 1979
Im Ruhrgebiet wird erstmals in der Geschichte der Bundesrepublik wegen zu hohen Schwefeldioxidgehalts in der Luft Smogalarm ausgelöst.

16. September 1979
Zwei Familien gelingt in einem heimlich von Hand hergestellten Heißluftballon die Flucht aus der DDR in die Bundesrepublik.

13. Januar 1980
Die Partei Die Grünen konstituiert sich auf ihrem Kongress in Karlsruhe als Bundespartei.

3. Mai 1980
Rund 5000 Atomkraftgegner besetzen das Gelände des geplanten Atomendlagers bei Gorleben.

8. Dezember 1980
John Lennon wird von einem „Fan" ermordet.

6. März 1981
Beim Mordprozess erschießt die Mutter des siebenjährigen Opfers, Marianne Bachmeier, den Angeklagten Klaus Grabowski im Saal des Lübecker Schwurgerichts.

12.–14. April 1981
Erster Weltraumflug der amerikanischen wiederverwendbaren Raumfähre Columbia des Spaceshuttle-Programms.

29. Juli 1981
Märchenhochzeit: Der britische Thronfolger Prinz Charles und Lady Diana Spencer heiraten prunkvoll in der Londoner St. Pauls Cathedral.

Auf der Suche nach der einzig wahren Lösung.

tragen und damit wie ein spanischer Kampfstier ahnungslose Mitschüler auf dem Pausenhof anrempeln; das war ein beliebter Spaß seinerzeit.

Ab der dritten Klasse hatten wir spätestens die Qual der Wahl: Ob man einen Füllfederhalter der Marke Geha oder Pelikan benutzte, wurde zum Glaubensbekenntnis. Geha-Jüngern ging der Ruf nach, Individualisten zu sein, dafür aber ständig königsblauverschmierte Finger zu haben, während Pelikan-Fans sich in sicherer Mehrheit wussten. Am beliebtesten war das Modell Blau mit chromfarbener Kappe; bloß nicht auffallen und am Ende ausgegrenzt werden mit einem roten Füller … Ob Geha, ob Pelikan – den Klecks auf dem Papier entfernten wir mit dem Tintenkiller. So toll fanden wir den, dass wir mitunter sogar absichtlich Flecken produzierten oder auf tintenblaue Flächen mit dem Tintenkiller in „Weiß" schrieben.

Das Leben lernen

„Erst lernt man laufen und sprechen, dann lernt man stillsitzen und die Klappe halten." Natürlich denkt kein Sechsjähriger an so einen Sponti-Spruch, wenn er aufgeregt hinter seiner Schultüte auf der Bank herumzappelt. Endlich ganz groß sein! Endlich lesen lernen! Endlich – ja, was war es bloß, das dem Thema Schule diese Erhabenheit verlieh, dass wir mindestens ein Jahr im Voraus davon träumten? Es wird den Generationen vor uns nicht anders gegangen sein. Wie sie gingen wir noch vielfach in kleine Schulen, saßen an Holztischen und bewunderten die Schnitzereien unserer Ahnen darauf. Plastiktische gab's erst in den – neu gebauten – weiterführenden Schulen, Anonymität und Parallelklassen ebenso. In den späten 70ern war alles noch fast wie zu Kaisers Zeiten; inklusive gestrengem Schulmeister, dem gelegentlich auch schon mal die Hand ausrutschte. Es wurde aufgestanden, wenn er zur Tür hereinkam. Es wurden „Tafeldienste" eingerichtet – ekliges Gefühl, wenn das Tafelwasser an den Händen getrocknet war und der Kreidestaub hängen blieb. Es wurde ein „Klassensprecher" gewählt – zu sprechen hatte der wenig, zum Glück. Da sich sofort der Eindruck festsetzte, es handele sich um einen Renommier- und Ehrentitel, bewarb sich der größte Krakeeler erfolgreich um den Posten. Es gab in unserer Klasse 36 Kinder, von denen 20 für das Amt kandidierten. Die weniger glücklichen bekamen immerhin noch zwei Stimmen – neben ihrer eigenen die des besten Freundes –, die totalen Verlierer erhielten an der Tafel einen einzigen Strich hinter ihrem Namen – der öffentlichen Lächerlichkeit preisgegeben. So merkten wir bald, dass Schule nicht nur ein Schnellzug war, der mit uns immer schneller vom Bahnhof der Kindheit wegdampfte – sondern auch ein Ort des Kampfes, der drohenden Fallen, von Sieg oder

Mein erster Schultag 1978

Wer hat das wohl geschrieben?

Niederlage. Gefahr drohte weniger von den Lehrern denn von den lieben Mitschülern. Doch es gab noch andere Bedrohungen: Den Schulzahnarzt – wer irgendwas falsch gemacht hatte, bekam von ihm einen Zettel für die Eltern (die wirklich abgebrühten unter uns warfen ihn weg, und das waren seltsamerweise auch die mit den schlechtesten Zähnen); den Hausmeister – mit chronisch schlechter Laune und immer im Hinterhalt, eine Mischung aus Monster und Räuberhauptmann; den Kasper – unsere erste Begegnung mit den Brettern, die die Welt bedeuten. Vor dem hatten wir natürlich keine Angst,

Lesen lernen mit der Fibel.

aber vor seinen Feinden Krokodil, Zauberer und Räuberhauptmann (NICHT der Hausmeister) zumindest ein bisschen.

Während manche von uns ihre gesamte Konzentration benötigten, um nicht den Turnbeutel in der Sporthalle zu vergessen oder ihr Frühstücksbrot fallen zu lassen, übten andere sich schon in Frühformen des zivilen Ungehorsams, zum Beispiel: durch die Hagebuttenhecke kriechen, die das Schulgelände begrenzte, um beim nahen Kiosk Brausepulver zu kaufen. Oder jene Hecke zu nutzen, um Mitschüler zu ärgern. Das ging auf saisonal variable Weise: Im Winter konnte man Kleinere in die Dornen schubsen, im Sommer ihnen steinharte grüne Hagebutten an den Kopf werfen, im Herbst ihnen matschige Hagebutten in die Haare schmieren, im Frühjahr die Blüten (mit darin gefangenen Bienen) nach ihnen werfen. Wirklich sehr praktisch, so ein Hagebuttenstrauch!

Was wir zwischen den Perioden des Hagebutten-Missbrauchs taten, ist nicht mehr so präsent. Da gab es den Deutschunterricht mit der Fibel „Fangt fröhlich an", dazu die Schreibhefte „Wir schwingen …". Da gab es Mathestunden mit dem „Alef" und dem Kleinen 1x1. Im Handarbeitsunterricht lernten wir Häkeln und Sticken, am meisten Spaß machte die eigene Handpuppe. Natürlich sollte die jeder selbst gestalten, ohne elterliche Unterstützung. Das Verbot hat kaum jemanden beeindruckt, die Ergebnisse waren entsprechend imposant. Die Stunde der Wahrheit schlug in allen Disziplinen, wo heimliche Hilfe nicht möglich war – bei Klassenarbeiten natürlich, aber auch im Sport.

Den Aufschwung am Reck versuchten 50 Prozent der Klasse umsonst. Egal, es gab ja noch anderes. Zum Beispiel Spiele. Am meisten gefiel uns „Abbaggern" (ähnlich wie Völkerball), wo es darum ging, möglichst viele gegnerische Spieler „abzuwerfen". Auch „Brennball", ähnlich dem amerikanischen Baseball, gefiel uns. Natürlich war es unheimlich wichtig, die Krakeeler in der Mannschaft zu haben, denn als Vereinssportler warfen sie am gewaltigsten und fingen am besten. Ich erinnere mich an zwei von dieser Sorte, sodass beim Wählen stets einer in das eine Team, der andere in die Gegenmannschaft kam. Dass das Gleichgewicht der Stärke wichtig ist, lernten wir schon sehr früh. Überhaupt, das Wählen: Wenn Mannschaften gebildet wurden, wählte mal der eine, mal der andere; und alle Nicht-Sportler zitterten aus Angst, als Letzter übrig zu sein.

Gefeiert wurde am liebsten Karneval: Von 35 Kindern waren zehn Cowboys und zehn Prinzessinnen – mindestens. Auch so übten wir schon mal für später.

Sicherheitsfragen

Die 70er waren geprägt von Sicherheit. Es ging weniger um die innere, als allgemein um die öffentliche Sicherheit. Sogar die Post ließ sich inspirieren und brachte eine Briefmarkenserie mit dem Titel „Jederzeit – Sicherheit" heraus, darauf so fantasieanregende Motive wie ein Stein, der einem Mann auf den Kopf zu fallen droht; doch der trägt einen Helm. So einfach war die Botschaft: Ursache – Wirkung. Wir bekamen bei der Einschulung orangefarbene Schülermützen von der deutschen Verkehrswacht, die aber später niemand mehr trug. Der Verkehrskasper besuchte uns und erklärte die Benutzung von Ampeln, Zebrastreifen, Fahrradwegen. Rolf Zuckowski sorgte ab 1979 mit seiner Schulweg-Hitparade für Stimmung:„Schuuulbus, Schuuulbus, jeden Morgen treff' ich dich …", „An meinem Fahrrad ist alles dran" oder das nachdenkliche „Deine Welt – meine Welt". Unsere Welt, aber das wussten wir nicht, war gefährlich: Die Zahl der Kinderunfälle im Straßenverkehr lag bereits 1970 bei 2167. Nachdem Anfang der 70er-Jahre die Zahl der Todesopfer im Straßenverkehr die 18 000 überstiegen hatten, führte 1976 die Bundesrepublik die Gurtpflicht im Auto ein. Erst 1984 wurde ein Bußgeld erhoben, in diesem Jahr kamen nur noch rund 13 000 Menschen im Straßenverkehr ums Leben.

Blauer Engel und lächelnde Sonne

Es rumorte in der bunten Plastikwelt: Dass nicht alles so sauber war, wie man es uns glauben machen wollte, hatte die Umweltbewegung schon in den 70er-Jahren moniert. 1975 war der Bund für Umwelt und Naturschutz Deutschland (BUND) gegründet worden, in Kanada machten die Aktivisten von Greenpeace erstmals Ende der 70er durch spektakuläre Protestaktionen gegen die Industrie auf sich aufmerksam. Auf Autos – bevorzugt auf rostigen Renault 4 – verbreitete sich jener seltsame Aufkleber: „Atomkraft? Nein danke" Das Motiv der lächelnden Sonne vor gelbem Kreis stammt aus Dänemark, wo sich 1979 nach dem US-Atomunfall in Harrisburg in wenigen Wochen eine große Protestbewegung formierte. Die Aktivisten Anne Lund und Sören Lisberg entwarfen das Logo, ihre Umweltorganisation OOA verbreitete es weltweit. Als der blaue Umwelt-Engel eingeführt wurde, teilte ein fortschrittlicher Lehrer auch bei uns Aufkleber aus: Mit schlauen Sprüchen, wie man Energie spart, mit Chemie vernünftig umgeht und Lärm vermeidet. Sie haben uns vermutlich ziemlich beeindruckt, denn manche der politisch korrekten Zweizeiler weiß ich noch heute auswendig, zum Beispiel den über Spülmittel: „Viel hilft, das trügt – ein Spritzer zum Spülen genügt."

Wer liest, hat mehr vom Buch

Was war das Schönste, was wir lernten? Für das Lesen werden sich wohl die meisten entscheiden. Seit wir lesen konnten, wehten die Buchstaben wie Sandstürme um uns, umschwirrten unsere Köpfe, bezauberten unsere Gedanken. Wundervolle Welt der Worte. Schon morgens beim Frühstück lernten wir die Beschriftungen der Cerealien („Corn Flakes die Originalen"), Getränke („Apfel-Fruchtsaftgetränk aus Apfelkonzentrat") und Brotaufstriche („Lyle's Golden Syrup") auswendig, verstanden nichts, aber murmelten sie noch auf dem Schulweg wie Mantren unbewusst vor uns hin. Geheimnisse des Alltags, nur für uns sichtbar! Bücher waren da schon anstrengender: Es fing mit TP1, 2, 3 und 4 (Texte für die Primarstufe) an, die manche fälschlicherweise als „Texte für die Prima-Stufe" interpretierten. Die Leseverrückten unter uns verschlangen die Lesebücher schon in den Sommerferien, wenn sie der Verlag geliefert hatte. Aber irgendwann sprach sich herum, dass man auch außerhalb der Schule lesen kann. Das geschah vielfach im Format „Schneiderbuch". „Hanni und Nanni" für die Mädchen, „Burg Schreckenstein" für die Jungen – einfachstes Identifikationsmerkmal für unsere Generation. Aber da war noch mehr; von den beliebten „Ravensburger Taschenbüchern" über „Die 5 Freunde" und andere Werke der ewig aktuellen Abenteuer-Schriftstellerin Enid Blyton bis zu „TKKG", der vierköpfigen Bande superschlauer Jugendlicher, die mit Köpfchen und Fäustchen die großen Gauner aufs Kreuz legten.

Auch ein stolzes Denkmal Ottfried Preußlers mit seinem „Räuber Hotzenplotz", der „Kleinen Hexe" und dem „Kleinen Wassermann" steht in den Schmökerecken unserer Kindheit. Die unangefochtene Königin aber bleibt Astrid Lindgren – mit „Pippi Langstrumpf", „Karlsson vom Dach", den „Brüdern Löwenherz" und „Mio mein Mio" schaffte sie es zur Lieblings-Vorleseautorin in unserer Klasse.

So wie sie wollten wir auch sein.

Kritische Blicke.

Jungen und Mädchen

Es gab ja schon moderne Lehrerinnen, die mit diesem seltsamen Kram anfingen: Mädchen und Jungen, die sind doch gar nicht so verschieden, die können doch so gut zusammen spielen. Wir (Jungen) wussten es besser: Mit Mädchen konnte man eigentlich nichts anfangen. Die hüpften auf einem Bein über seltsame Kreidezeichnungen auf dem Asphalt, spielten „Pferd", führten

Die Pose war bloß
für die Kamera.

Eintracht unter
Geschwistern.

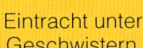

Poesiealben, gingen zum Ballett, spielten mit Barbie … Tja, was machten die eigentlich noch? Jedenfalls nicht das, was uns Jungen interessierte: Rennen, kämpfen und Quartett spielen. Oder? Nur beim traditionellen „Mädchen kriegen die Jungen" oder umgekehrt „Jungen kriegen die Mädchen" mischten wir uns auf dem Schulhof und überhörten im Eifer schon mal das Ertönen der Pausenklingel.

Poesiealbum

Jungen und Mädchen – Katz und Hund, die miteinander nicht viel anfangen konnten. Jungen fanden Mädchen langweilig, Mädchen die Jungen grob. Beide hatten wohl recht. Man ging sich zumeist aus dem Weg. Nur bei einem Punkt kamen die Mädchen ohne die Jungen nicht aus: Wenn es darum ging, die blütenweißen Seiten ihrer heiß geliebten Poesiealben zu füllen. Irgendwann zwischen der zweiten und dritten Klasse tauchten die auf, kein Mensch weiß woher. Jedes Mädchen hatte eins, in das es erst mal beste Freundin, Lieblingslehrerin und Eltern Erlesenes eintragen ließ, natürlich in Schönschrift. Aber nach Freunden und Verwandten blieben noch sooo viele Seiten frei, also machten die Alben die Runde in der Klasse. Für jeden Jungen ein echtes Problem; vor allem, wenn man noch an seiner Handschrift feilte … Also was um Himmels Willen da hineinschreiben, das vor allem nicht zu viel Arbeit erforderte? Besonders Gewitzte blätterten einfach ein paar Seiten zurück und wurden fündig. So kam es, dass sich populäre Vierzeiler schnell quer durch Dorf oder Stadtteil verbreiteten. Andere nutzten immer denselben Spruch, daran erkannte sie schon die ganze Klasse. Ungemein beliebt – weil nur zweizeilig – war zum Beispiel: „Lebe glücklich, werde alt, bis die Welt in Stücke knallt", etwas anspruchsvoller da schon der Vierzeiler „Sei wie das Veilchen im Moose, bescheiden, sittsam und fein, und nicht wie die stolze Rose, die immer die Schönste will sein" oder „Liebe das Mutterherz, solange es schlägt – wenn es gebrochen ist, ist es zu spät." Zu Letzterem verhalfen uns nur zu oft unsere Mütter, denn die hatten – richtig! – natürlich auch ein Poesiealbum. So wanderte Kultur von Generation zu Generation weiter. Das Poesiealbumschreiben war uns (Jungen) lästige Pflicht, aber wir nahmen sie ernst – mitunter kramte man noch die „Filzer" raus und malte links auf die leere Seite ein buntes Bild. Unter den Mädchen spielte sich ein regelrechter Wettbewerb ab, wer die meisten Beiträge sammelte. Und einige der Jungen wurden sogar angesteckt und ließen sich auch so ein Büchlein schenken.

Jede Menge schlauer Sprüche.

Ein unvergessliches Lächeln.

Die Marke Papst

1978 war ein „Dreipäpstejahr": Nach dem Tod von Giovanni Battista Enrico Antonio Maria Montini, dem Papst Paul IV., wurde Albino Luciani als Johannes Paul I. zum Papst gewählt. Er starb allerdings nach 33 Tagen im Amt, sodass es am 16. Oktober 1978 den dritten Papst gab: den Erzbischof von Krakau und Kardinal Karol Wojtyla (Johannes Paul II.). Er war der erste slawische Papst der Kirchengeschichte. Dem Polen gelang es, durch Klugheit, Beharrlichkeit und Agilität sein Amt mit ungewöhnlicher Präsenz auszufüllen. 27 Jahre war Johannes Paul II. im Amt, bis er am 2. April 2005 nach langem Leiden starb.

Am 13. Mai 1981 wurde auf Johannes Paul II. auf dem Petersplatz in Rom ein Attentat verübt. Er überlebte schwer verletzt. Aufsehen erregte nicht nur, dass der Papst dem Attentäter noch auf dem Krankenbett vergab, sondern auch, dass er ihn nach seiner Genesung im Gefängnis besuchte. Die Hintergründe des Attentats werden beim russischen und bulgarischen Geheimdienst vermutet. Der Attentäter Agca behauptet hingegen, Unterstützung aus dem Vatikan erhalten zu haben.

Unsere Jugend fällt in die Ära „Wojtyla", aus der nicht nur viele Anekdoten und Witze stammen, sondern auch ein moralisches Bewusstsein, das vielen von uns den Weg bahnte zum Erwachsenwerden. Durch seine Einmischung in politische Fragen zu Weltwirtschaft, Umweltschutz und aktuellen Fragen des Rechts politisierte er das Pontifikat und verhalf damit nicht nur dem Vatikan, sondern auch dem Katholizismus und letztendlich dem Christentum in der Welt zu größerem Ansehen.

Ein Vierteljahrhundert war „der Papst" identisch mit Karol Wojtyla – wenn Papst-Witze erzählt wurden, war damit nur einer gemeint. Hier einer der schönsten: „Der Papst tritt demnächst bei ‚Wetten, dass..?' auf – er kann 100 Flughäfen nur am Geschmack erkennen."

Einmal Weltraum und zurück

Schon zu Anfang unserer Kindergartenzeit kamen manche von uns mit dem NASA-Projekt in Berührung: Als der Raumgleiter Spaceshuttle testweise auf dem Rücken einer Boeing 747 durch die Luft getragen und ausgeklinkt wurde, um den Sinkflug zur Erde zu erproben, legte Kellogg's seinen Cornflakes-Packungen kleine Hologramm-Bilder dieses Ereignisses bei. Fünf Jahre später war's dann so weit: Eine Rakete beförderte das Spaceshuttle am 12. April 1981 erstmals in den Orbit, zwei Tage später landete es an einem Sonntagmorgen wieder auf der Erde. Im Deutschen Fernsehen wurde die Landung übertragen – seltener Fall, dass wir Sonntagvormittag fernsahen. Die klobige Raumfähre mit ihrer schwarzen Stupsnase, die amerikanischen Astronauten und der Feuerstrahl der Raketen faszinierten uns; erinnerten an „Raumschiff Enterprise", das in jenen Jahren in der x-ten Wiederholung nachmittags das Fernsehprogramm bereicherte. Dass das Spaceshuttle mit Raumschiff Enterprise so viel zu tun hatte wie ein Toaster mit einer Konservenfabrik, war uns egal. Dass nicht nur aggressive Klingonen und andere Außerirdische die Raumfahrt gefährlich machten, merkten wir wiederum fünf Jahre später: Da explodierte eine der Raumfähren im Januar 1986 noch beim Start und riss sieben Besatzungsmitglieder in den Tod. Ursache: mangelhafte Wartung und Sorglosigkeit.

Wer zuletzt lacht …

Viele von uns haben ihn erst später schätzen und zumeist auch lieben gelernt: Vicco von Bülow, den Meister der geplanten Situationskomik. Ihm war nichts heilig, und so bekam auch die Kernkraft ihr Fett weg: in dem unvergesslichen Sketch von Familie Hoppenstedts Weihnachtsfest, als der kauzige Opa Hoppenstedt seinem Frechdachs-Enkel Dicki den Spielzeug-Bausatz „Wir bauen uns ein Atomkraftwerk" schenkt. Denn das tut, was es nicht soll: Es gibt eine „richtige kleine Explosion, es macht Puff, und die Kühe fallen um", der kleine Störfall reißt ein Loch in den Zimmerboden, sodass am Ende der Geschichte sogar noch die Nachbarn im Untergeschoss begrüßt werden können. Loriot sendete ab 1976 seine Geschichten, in denen ganz normale Menschen in ganz normalen Alltagssituationen überraschend ihr blaues Wunder erleben. In den Sketchen, die noch heute regelmäßig wiederholt werden, zeigt er ein Stück unserer Vergangenheit, die gelegentlich peinliche, oft seltsame Alltagskultur der Bundesrepublik Deutschland der 70er-Jahre. Seine

Der Schöpfer und seine Werke.

Zitate und Plots zitieren wir noch heute, sei es das „sagen Sie jetzt nichts" des verliebten Restaurantbesuchers, dem die Nudel übers Gesicht wandert, das „Martha ist Donnerstag" des entnervten Konzertkartenverkäufers oder das „Dudödel-du" aus der Jodelschule, wo Frau Hoppenstedt ihr Jodeldiplom zu erwerben trachtet, denn dann hat sie „was Eigenes". Die Hoppenstedts, der Mann im Restaurant beim Verspeisen der „Kalbshaxe Florida", die Herren am Gepäckband – das haben wir vielfach erst Jahre später in seiner ganzen Komik erfasst. Dicki, das dicke Kind der Fernsehfamilie Hoppenstedt, war übrigens eine von uns: Katja Bogdanski, Jahrgang 1972, die durch Zufall zu der tragenden Rolle kam – der produzierende Sender Radio Bremen suchte ein kleines, dickes Kind. Ein Anruf in der Grundschule Bassen, und der Hausmeister wusste sofort: „Die würde passen!" Katja war damals das dickste Mädchen der Schule. Das ist lange vorbei; so wie ihre Filmkarriere: Einmal in einem Krimi, einmal bei Rudi Carrells „Am laufenden Band"; dann wandte sie sich einem „vernünftigen" Beruf zu. So wie die meisten von uns auch …

Zeugnistag

Aus Alef 1 wurde Alef 4, aus TP1 wurde TP4, so einfach ging das mit der Addition. Nach der zweiten Klasse allerdings gab es einen gravierenden Wandel, der nichts Gutes verhieß: Es gab Zensuren. Die ersten Zeugnisse waren einfach nur schön anzusehen. Wenig Gedrucktes stand da, umso mehr freundliche Beurteilungen von unseren Klassenlehrerinnen, die eher liebenswürdige Tanten waren, von Hand in Schönschrift: „X ist aufmerksam, beteiligt sich rege und kann einfache Aufgaben selbstständig lösen, dabei zeigt sie Freude und Motivation" oder „Z macht das Lesen von kurzen Texten Spaß, die er ohne abzusetzen und gut verständlich wiedergibt." Damit war ab der dritten Klasse abrupt Schluss, fortan standen da langweilige Zahlen von eins bis fünf, kaum mal eine Sechs. Und Kommentare gab es allerhöchstens noch im Feld „Bemerkungen", aber dem Vernehmen nach war es besser, diese Spalte blieb leer. Die „Giftblätter" lieferten wir schnellstens zu Hause ab und freuten uns auf sechs Wochen Sommerferien. Sorgen bereiteten sie in den wenigsten Fällen, das kam später.

In der vierten Klasse dann, gegen Ende des Schuljahres, wurde es spannend. Die Lehrer erzählten uns schon von dem nächsten Schritt ins Erwachsenenalter, der großen Schule im Nachbarort, wo es ganz viele Gleichaltrige gab und merkwürdige neue Fächer wie „Englisch" oder „Chemie". Wollten wir wirklich schon weg aus unserer liebenswürdigen kleinen Grundschule mit den vier Klassen, den sechs Lehrern und der Hagebuttenhecke? Eigentlich nicht. Aber so war es nun mal: Wer versetzt wurde, durfte die Klasse nicht wiederholen. Versetzt wurden fast alle – ein oder zwei blieben, das waren die ersten Verluste unseres Lebens. Zumeist hat man sich später aus den Augen verloren.

Wer schreibt, wer schreibt ab …?

Damals noch das Traumpaar:
Lady Diana und Prince Charles.

Traumhochzeit und Alptraum

Das war für Royalisten, Klatschreporter und seufzende, Illustrierte lesende Tanten ein großes Jahr: Auf einer Veranstaltung, von den Eigenschaftswörtchen „prunkvoll" oder „opulent" nur sehr dürftig umschrieben, schlossen Prinz Charles Philip Arthur George Mountbatten-Windsor, der Prince of Wales sowie Duke of Cornwall, und die Kindergärtnerin und Lady Diana Frances Spencer, Tochter des 8. Earl Spencer, am 29. Juli 1981 den Bund fürs Leben. Er wurde zwar elf Jahre später wieder für nichtig erklärt, aber das macht die Märchenhochzeit mit militärischer Ehrenformation, achtspänniger Kutsche und Trauung in der riesigen St. Paul's Kathedrale auch im Rückblick nicht weniger schön. Das Publikum verteilte sich über den gesamten Planeten:

750 Millionen Zuschauer verfolgten das Ereignis im Fernsehen.

Die Märchenbraut erwähnte 1992 allerdings, jener heiße Julitag sei der schrecklichste ihres Lebens gewesen. Und Königin Elisabeth II. ihrerseits bezeichnete das Jahr 1992 später als „schreckliches Jahr", denn damals trennten sich weitere Royalties: Princess Royal Anne und Mark Phillips sowie Prince Andrew Duke of York und Sarah. Nachdem Lady Di unter mysteriösen Umständen 1997 in Paris bei einem Autounfall gestorben war, verfolgten mit geschätzten 2,5 Milliarden Menschen noch mehr die Trauerfeier am 6. September desselben Jahres in der Westminster Abbey. Unsere seufzenden Tanten natürlich auch.

Blick über den Tellerrand

Im knallroten Passat ließ
es sich gut reisen.

Wegfahren

Wohin ging's eigentlich im Urlaub?
Billigflieger gab's noch nicht, dafür
kostete Benzin durchschnittlich
auch nur 1,14 Mark pro Liter. Es
gab zwei Lager: Die einen fuhren
nach Dänemark und froren tapfer
an der Ostsee, die anderen
nahmen die Ochsentour über die Alpen in Kauf und ließen sich an Italiens
Adria braten. Kompromiss war da noch der Urlaub in der Heimat, im Schwarz-
wald oder Bayerischen Wald. Die Snobs unter uns flogen mit ihren Eltern nach
Spanien, aber das war noch so selten wie Asylbewerber oder Cluburlaub.

Chronik

24. April 1982
Mit dem Titel „Ein bisschen Frieden" gewinnt die Sängerin Nicole den „Grand Prix Eurovision de la Chanson".

1. Oktober 1982
Der Bundestag wählt Helmut Kohl zum sechsten Bundeskanzler der Bundesrepublik Deutschland.

10. Dezember 1982
In den Kinos der Bundesrepublik läuft der US-amerikanische Spielfilm „E.T. – der Außerirdische" von Steven Spielberg an.

25. April 1983
Das Magazin „Stern" kündigt die Veröffentlichung der Tagebücher Adolf Hitlers an. Am 6. Juni werden die Tagebücher als Fälschung entlarvt.

28. November 1983
Der Physiker Ulf Merbold nimmt als erster Bundesbürger an einem Raumflug der Weltraumfähre „Columbia" teil.

8. Mai 1984
Udo Lindenbergs geplante DDR-Tournee wird von den Organisatoren der FDJ abgesagt.

11. August 1984
US-Präsident Reagan kündigt bei einer Mikrofonprobe „im Scherz" die Bombardierung der UdSSR an.

11. März 1985
Michail Gorbatschow wird vom Zentralkomitee der KPdSU zum neuen Generalsekretär gewählt.

29. Mai 1985
Beim Europacup-Endspiel zwischen FC Liverpool und Juventus Turin in Brüssel sterben nach schweren Ausschreitungen 39 Menschen, rund 400 Zuschauer werden zum Teil schwer verletzt.

7. Juli 1985
Boris Becker gewinnt als bislang jüngster Tennisspieler und als erster Deutscher das Tennisturnier in Wimbledon/England.

7. Oktober 1985
Palästinensische Terroristen entführen das italienische Kreuzfahrtschiff „Achille Lauro" im Mittelmeer. Sie ermorden einen US-Passagier, verlassen in Ägypten das Schiff, werden aber schließlich überwältigt.

Der VW Käfer hatte als Familienauto langsam ausgedient.

Manche hängten den Caravan hintendran und gingen campen. Am Urlaubsziel angekommen, wurden gleich am ersten Tag Ansichtskarten geschrieben: „Liebe Oma, wir sind gut angekommen …" Die Sitzordnung im Familienauto war noch traditionell: Papa am Steuer, Mama auf dem Beifahrersitz und wir Kinder hinten. Mit dem Anschnallen nahm es keiner so genau. Gefahren wurde oft noch der treue Käfer, meist schon Mexiko-Import, der neue Golf, Opels Kadett und Audi 80, die meisten fuhren mit Normalbenzin. Ganz wenige hatten schon einen Diesel vor der Tür. Das Straßenbild war für heutige Verhältnisse quietschbunt: Ein Fünftel der Autos waren Ende der 70er grün, danach kamen mit je etwa 17 Prozent Rot und Gelb, Blau erreichte zehn Prozent. Die Farben entsprachen dem Lebensgefühl einer Epoche, in der alles möglich war – die Welt war ebenso bunt wie die Autolacke: leuchtorange, knallrot,

Zurück vom Skiausflug.

himmelblau, dazu Metallic-Lackierungen in Silber und – wie dekadent – in Gold! Sportlich kamen Opel Monza, Ford Capri und Opel Manta daher, von denen unsere großen Brüder träumten. Wir liebten vor allem einen silbernen Briten: den Aston Martin DB5 von 1964! Den gab es von Corgi mit allem, was Superagent James Bond an Finessen darin nutzen konnte: Maschinenge- wehre unter den Scheinwerfern, Schleudersitz, Kugelschutz im Heck. Mit solchen Autos haben wir im Sand- kasten unzählige Abenteuer erlebt.

Kurs halten

Wir wurden größer! Das hatte auch Nachteile: Wir mussten nicht mehr um halb acht zur Schule, sondern schon um sieben, denn „Ori", Gymnasium, Haupt- oder Realschule lagen im nächsten Ort, in der Kreisstadt oder auch in einem anderen Stadtteil. Vielerorts waren die zweijährigen Orientierungsstufen gerade erst aufwendig eingeführt, mit brandneuen Gebäuden und modernem Mobiliar – sie sollten für eine bessere Förderung und Chancengleichheit sorgen, damit die spätere Schullaufbahn reibungsloser vonstattenginge. Für die Fächer Mathematik und Englisch gab es in der „OS" ein Kurssystem, das angeblich Schwachen Förderung und Begabten Motivation garantierte. Kurs 1 und 2 in der fünften Klasse, feiner gegliedert als A, B und C in der sechsten Klasse, sorgte aber auch für Hierarchiedenken und Neid unter den Schülern, die Durchlässigkeit hielt sich ebenfalls in Grenzen. Bis zur Fortsetzung der „Karri- ere" in Hauptschule, Realschule oder Gymnasium wechselte kaum einer vom A- in den B-Kurs oder umgekehrt. Anschließend bekamen wir eine „Empfeh- lung", basierend auf dem Notenspiegel. Zum Glück für viele war sie nicht verbindlich. In der für uns Grundschüler „großen" Orientierungsstufe, mancher- orts auch Förder-, Erprobungs- oder Beobachtungsstufe genannt, erlebten wir

erstmals die Anonymität eines unübersichtlichen Menschenhaufens. Viele Lehrer kannten wir nur vom Hörensagen, von den Schülern ganz zu schweigen. Mitunter lernte man nachmittags bei den „AG's" neue Gesichter kennen; das waren Arbeitsgruppen zu allen erdenklichen Themen, von speziellen Sportarten wie Hand- oder Basketball bis zu Handarbeiten oder Kochen. Anfangs zogen wir lange Gesichter, denn die „AG" war zwar wählbar, aber dennoch Pflicht, und noch nie zuvor waren wir nach 14 Uhr aus der Schule gekommen. Doch die ungewöhnlichen Aktivitäten bereiteten dann doch einigen Spaß. Kurs- und Spezialunterricht wie Musik und Werken fanden in unterschiedlichen Räumen statt – im Musikraum, im Werkraum, im Chemieraum mit den Versuchstischen, an denen jeder Platz eine Steckdose hatte. Manchmal war der Raum schon von einer anderen Klasse besetzt, wenn wir in der kleinen Pause ankamen; das nannte man Koordination.

Im Sommer 1984 hieß es für viele von uns wieder einmal Abschied nehmen: Der Lebensweg zweigte ab zu Haupt-, Realschule und Gymnasium. Wieder verloren wir gute Freunde, manche für immer. Manche gingen aber auch auf Gesamtschulen, die in den SPD-regierten Bundesländern vielfach entstanden waren – denen blieb der Freundeskreis erhalten. In anderen – wie Bayern und Nordrhein-Westfalen – mündete die Grundschule noch wie seit Urzeiten direkt in die weiterführenden Schulen.

Erst Bonanza, dann BMX

Jede Zeit hat ihre Fahrrad-Mode: Was unsere großen Geschwister mit den Bonanza-Rädern, das machten wir mit den BMX-Rädern mit. Erstere waren durch ihre Hirschgeweih-Lenker markant und nicht ungefährlich für den Piloten, beim BMX waren es breite Motorradlenker und dicke Cross-Reifen,

Papa, für ein BMX kannst du mein knallrotes Kinderfahrrad behalten!

die aber so klein waren, dass BMX-Matadore kaum über den Bordstein schauen konnten. Irgendwann Ende der 70er tauchten sie bei uns auf – natürlich stammte dieses seltsame Phänomen aus den USA, der Name BMX steht für Bicycle Moto Cross, obwohl der einzige verfügbare Motor wild strampelnd auf dem Sattel kauerte. Für den Straßenverkehr waren die BMX-Spielzeuge nicht geeignet, sie besaßen nicht einmal Licht, geschweige denn eine Klingel. Gelegentlich munkelte man auch von einem Mitschüler, der morgens mit seinem BMX-Schatz auf dem Weg zur Schule von der Polizei kassiert wurde und eine saftige Strafe aufgebrummt bekam: fünf Mark!

Fernsehprogramm

Tatsächlich weiß ich die wichtigsten Sendezeiten noch heute: 17:50 Uhr, 18:30 Uhr, 19:30 Uhr, 20:15 Uhr – das waren die entscheidenden Termine, nach denen sich alles andere in der Tagesplanung richtete. Es gab ja nur drei Sender, die im Wesentlichen zwischen Mittag und Mitternacht sendeten. Wir sahen ZDF oder ARD, die besten Serien liefen im ZDF – das waren neben Zeichentrick-Klassikern wie „Tom & Jerry", „Bugs Bunny", „Paulchen Panter" oder „Biene Maja" vor allem herrliche alte Schwarz-Weiß-Serien: „Dick & Doof", „Väter der Klamotte" und „Männer ohne Nerven" liefen immer freitags, sie ließen Stars der Stummfilmära wieder lebendig werden. Buster Keaton, Stan Laurel und Oliver Hardy kannten wir besser als unsere Klassenlehrer, die Sketche mit der chaotischen Klavier-Lieferung, der gefälschten Gangster-Mahlzeit („Aus deinem Schnürsenkel machen wir Spaghetti") oder der Geisterjagd im Irrgarten haben uns zu endlosen Lachanfällen motiviert. Doof, der sich vor seinem Schatten fürchtete, tröstete uns unbewusst über unsere eigenen

Ängste hinweg. Dick, die neunmalkluge Autorität, die doch immer wieder auf die Nase fällt, versöhnte uns mit unseren allmächtigen Eltern, die stets das letzte Wort hatten. Dick & Doof in ihren schlecht sitzenden Anzügen, komischen Hüten, noch komischeren alten Autos und von ewig grimmigen Polizisten verfolgt, zeigten uns eine satirische, anarchische Sicht der Welt, so wie sie Kindern gefällt. Immer am Schluss purzelte ein Mann vor die Kamera, einen Topf auf dem Kopf und über und über mit Spaghetti bedeckt, der begeistert „Oh, schön!" ausruft – das war Höhepunkt und leider auch schon Schluss für diese Woche. Die nächsten sechs Tage bestanden aus Vorfreude. Die Abenteuer dieser beiden Clowns, Kinder wie wir, die aus jeder Katastrophe doch immer wieder ohne Schrammen und ohne wirklichen Lerneffekt hervorkrabbelten, um sich in die nächste Kalamität zu stürzen, waren jedoch nichts gegen den wahren Knaller unserer Kindheit: „Western von gestern". Ebenfalls so eine Freitagsserie, schwarz-weiß und flimmernd, die spannendsten Geschichten aus der Zeit der Cowboys und Indianer. Das ZDF hatte US-Westernfilme der 40er im großen Stil überarbeitet, neu vertont und synchronisiert und sendete diesen Abenteuerreigen zwischen 1978 und 1986 im Vorabendprogramm. Wir liebten „Western von gestern" nicht bloß, wir lebten es. Schon der Vorspann mit seiner mitreißenden Musik, den geschickt hintereinander geschnittenen Sequenzen von schießenden Gangstern, tutenden Zügen, peitschenschwingenden Unholden und zum Schluss dem fiesen Galgenvogelgesicht von Georg Barnes, wie er direkt in die Kamera zielt und nach dem Schuss der Bildschirm in Scherben zerfällt – das war großes Kino, das war genauso, wie es sein musste! Die Episoden von Zorro, Billy Carson mit dem weißen Pferd und allen voran Fuzzy, dem kauzigen Antihelden auf dem Muli, haben wir verschlungen und meist sofort nach dem Konsum nachgespielt – mit Playmobilfiguren in Miniatur oder kostümiert und mit Knallplätzchen-Pistolen auf dem nahen Spielplatz. Good guy, bad guy – unsere Kindheit, das war eigentlich ein einziger großer Western.

Der Schein trügt:
Die zwei sind wie Katz und Maus.

Werbebotschaften

Ein Höhepunkt des TV-Abends.

„Gud'n Aaaab'nd!" Für die Mainzel-
männchen ließ sich auch Werbung
ertragen. Sie faszinierten durch ihre
lustigen Streiche, ihre wortlose Harmonie
und die Kürze ihres Auftritts: Meist nur ein paar Minuten zwischen Ende der Serie
und den Nachrichten. Dazwischen berieselten uns mehr oder minder hirnlose
Werbebotschaften, die wir – wie alles andere – begierig aufsogen wie ein trocke-
ner Schwamm. Ich kenne noch heute zahllose dieser Sprüche: „Die zarteste
Versuchung …" Geht es hier um Pralinen, Bonbons oder Schokolade? „Komm'
nach Haus – ruh' dich aus – wo …" Was wartete da schon auf dich? Eine leckere
Suppe, ein Tee oder eine gute Zigarre? Noch eine Kostprobe: „Wo einem also
Gutes widerfährt …" Da ging es um: a) Honig, b) Weinbrand, c) Waschpulver?
Bitte ankreuzen! Apropos Waschpulver: Wir kriegten noch den Rest vom „Gene-
ral" und dem guten Geist der Hausfrau mit, doch unsere Zeit war die von „Klementine", jener quirligen, etwas angeschickert wirkenden Haushaltshilfe, die,
kaum herbeigerufen („Klementiiiiine!"), schon die Lösung aller Drecksprobleme
herbeiwuchtet: Nicht sauber, sondern sogar „rein" wurden Klamotten dank Ariel,
„zum Reinweichen"! Klementine war eine Waschfrau und als solche eigentlich
schon ein Anachronismus – Waschweiber gab's doch schon lange nicht mehr. Im
Fernsehen blieb sie uns bis 1984 erhalten. Aber noch andere brachten es im
Werbefernsehen zu Starkult: Meister Propper, der grinsende Geist aus der
Flasche, und der Persil-Mann, aber der ähnelte den Nachrichtensprechern und
war für uns damit langweilig. Auch das Geschirrspülmittel Pril hatte seine Fans in
unserer Generation – denn auf jeder Flasche prangten die „fröhlichen Pril-Blu-
men". Das waren Aufkleber, die wir Kinder begeistert überallhin klebten.

Rappelkiste

„Ene mene Miste, es rappelt in der Kiste …", das war eine Sendung nach
unserem Geschmack – seltsamerweise auch für unseren Geschmack, denn
die Rappelkiste war als Bildungsprogramm konzipiert. Wie vieles andere
endete auch sie 1984, in genau dem Jahr, als die Privaten an den Start gingen.

Ob es da einen Zusammenhang gibt? Jedenfalls sind viele der schönen Erinnerungen und auch erfolgreichen Dinge unserer Kindheit später nie fortgesetzt worden. Die Rappelkiste, das waren Beiträge und Spielszenen um ein Thema pro Sendung, die von Ratz und Rübe abschließend kommentiert wurden: Zwei freche Handpuppen, die im Gesang das Thema des Tages noch einmal zusammenfassten. „Von großen und kleinen" gab Tipps, wie man als Kind in der großen Erwachsenenwelt zurechtkommt, „Von Leuten, die anders sind" berichtete über Gastarbeiterkinder, „Von Kindern, die keine Angst vor Großen haben" handelte von Kindern, die mit Erfolg gegenüber Erwachsenen ihr Recht verteidigen, im Vorgarten zu spielen. Kinder standen im Mittelpunkt und probten durch Kritik, Solidarität und Neugier die Zukunft – Eltern nahmen im realen Leben daran Anstoß. Das war nicht ganz unbegründet, wurden schließlich in den Geschichten bürgerliche Autoritäten wie Lehrer, Polizisten oder Politiker oft überzeichnet dargestellt und politische Gesinnungen in den simplen Geschichten untergebracht, die dort eigentlich nichts zu suchen hatten. Uns gefiel vor allem, dass die Kinder in der Rappelkiste so frech waren, dass ihre Streiche häufig Erfolg hatten und gut ausgingen. In unserer Realität sah das meist nicht so aus.

Ratz und Rübe klären auf.

Privatfernsehen

Bis Mitte der 80er gab's nur drei Fernseh-programme, was den meisten von uns vollauf genügte. ARD, ZDF und der Regionalsender im Dritten, das bot schon ziemlich viel Auswahl. Dann kamen die Privaten: Radio Luxemburg ging am 2. Januar 1984 mit „RTL plus" (Radio Télé Luxembourg) in der Bundesrepublik auf Sendung und am 1. Januar 1985 startete das erste private Satelliten-Fernsehpro-gramm „SAT 1" sein Programm in der Bundesrepublik. Es finanzierte sich ausschließlich aus Werbung. Sat 1 und RTL waren anfangs nur über Kabel zu empfangen. Das Programm nahm zuerst niemand ernst. Parallel dazu fand die Werte-Diskussion statt: Man befürchtete ein Sinken der Programmqualität, wenn für werbefinanzierte Sender nur noch die „Quote" zählte. Diese Befürchtung hat sich in den 90ern bewahrheitet, sogar die an sich werbeunabhängigen öffentlich-rechtlichen Sender konnten – oder wollten – sich dem Trend nicht verschließen.

Weihnachtsserien

1979 begann das ZDF Serien für die Weihnachtszeit zu produzieren, die oft aus erfolgreichen literarischen Vorbildern schöpften. Zwischen Weihnachten und Neujahr wurden in vier bis sechs Teilen Spannung und Abenteuer geboten, aus unserer Augenhöhe durch einen jugendlichen Helden. Die erste Serie ist uns unvergesslich geblieben: Nach dem Buch „Timm Thaler oder das verkaufte Lachen" flimmerte Thomas Ohrner als Waisenjunge mit dem strahlenden Lachen, das ihm der böse Baron Lefuet (rückwärts gelesen ergibt sich seine wahre Identität) gegen die Gabe, keine Wette zu verlieren, abkauft. Dann gab es noch „Silas", die Geschichte eines Ausreißers aus Dänemark, „Jack Holborn", ein Piraten- und Segelschiffdrama, und natürlich nicht zu vergessen „Anna", die Selbstfindungsversuche sensibler Teenager reflektierende Ballett-Serie. Die lief 1987 und traf bei vielen wieder mal ins Mark.

Augenflimmern

Bereits Ende der 70er-Jahre hatten Kulturpessimisten dem Kino das baldige Sterben prognostiziert. Fernsehen und nochmals Fernsehen, lautete ihre düstere Weissagung. Wir lernten da die Faszination des dunklen Saales, von Popcorn und Cola und der riesigen Leinwand im kleinen Dorf- oder größeren Vorstadtkino erst kennen. Fernsehen war was anderes – schon allein deswegen, weil mitten in der schönsten Ballerei oder Verfolgungsjagd jemand von hinten rief: „Hilf' mir bitte beim Abtrocknen!" Oder: „Zähneputzen, gleich geht's ins Bett!" Doch im Kino störte uns nichts und niemand! Alles war größer und irgendwie erhabener; selbst die Kinowerbung. Wer Kinowerbung gesehen hatte und davon in der Schule erzählte, hatte den anderen was voraus. Angefangen hatten wir mit „Bambi", „Schneewittchen" oder Bud-Spencer-Filmen, das waren oft die Nachmittagsvorstellungen bei Kindergeburtstagen. Interessant wurde es erst wieder, als wir älter wurden: „E.T. – Der Außerirdische" von Steven Spielberg kam 1982 in die Lichtspielhäuser und war einer der ersten Filme unserer Kindheit, um den ein „Hype" entstand, wie man es heute wohl nennen würde. Eine Massenbegeisterung – Mädchen fanden das verschrumpelte Mini-Monster einfach süß, Jungen wollten so tapfer sein wie Elliott, der den zurückgelassenen Alien versteckt und schließlich zurück zu seinen UFO-Freunden bringt. Komödiantische Cowboyfilm-Adaptionen aus der Zukunft wie „Indiana Jones" (1984), die mit ihrem ausgeprägten Gut-Böse-Schema und viel Action vor allem uns Jungen in ihren Bann zogen, und Klamaukfilme wie „Otto – Der Film" (1985) wurden zu Kassenschlagern Mitte der 80er-Jahre.

Kino-Kassenschlager der 80er-Jahre

1980 – *„Das Dschungelbuch"* Zeichentrickfilm (Besucher: 1,83 Millionen)

1981 – *„Auf dem Highway ist die Hölle los"* Actionkomödie (Besucher: 949 568)

1982 – *„Cap und Capper"* Zeichentrickfilm (Besucher: 745 681)

1983 – *„E.T. – Der Außerirdische"* Fantasyfilm (Besucher: 1,46 Millionen)

1984 – *„Indiana Jones und der Tempel des Todes"* Abenteuerfilm (Besucher: 913 907)

1985 – *„Otto – Der Film"* Filmkomödie (Besucher: 8,8 Millionen)

1986 – *„Männer"* Filmkomödie (Besucher: 4,84 Millionen)

1987 – *„Crocodile Dundee"* Filmkomödie (Besucher: 5,69 Millionen)

1988 – *„Dirty Dancing"* Musikfilm (Besucher: 6,62 Millionen)

1989 – *„Rainman"* Tragikomödie (Besucher: 5,75 Millionen)

Waldsterben

Ein Gespenst ging um – erst in den Instituten, dann in den Medien, schließlich auch bei uns an der Schule: „Waldsterben" war 1984 in aller Munde. Der erste Waldschadensbericht vom 18. Oktober 1983 hatte die Öffentlichkeit geschockt:

Protestaktionen machten uns auf das Waldsterben aufmerksam.

Damals wurde die Hälfte der Bäume als „krank" klassifiziert – die Schäden sollten sich gegenüber dem Vorjahr 1982 vervierfacht haben. Die Ursache sahen Wissenschaftler im Zusammenwirken von Luftschadstoffen und Schädlingen: Durch den Bau hoher Schornsteine in den 60er- und 70er-Jahren wurden Emissionen von Kraftwerken und Industrie über Hunderte Kilometer verteilt und erreichten auch entlegene Regionen. Die Schadstoffe wie Schwefeldioxid würden, so die damals verbreitete Auffassung, von Niederschlag („Saurer Regen") in den Boden gebracht werden und dort das Wurzelwerk schädigen. Ist der Baum davon bereits geschwächt, vollenden Insekten wie Buchdrucker oder Borkenkäfer das Zerstörungswerk. Besonders hat uns damals eine TV-Animation erschreckt, in der berühmte Waldgebiete Deutschlands ohne Bäume gezeigt wurden. Jeden Tag geisterte das Thema durch die Medien. Sofortmaßnahmen der Politik waren intensive Forschung und hohe Umweltauflagen für die Industrie. Auch die Einführung von bleifreiem Benzin und der Katalysator für Autos, der für Neuwagen ab 1989 verpflichtend wurde, sowie die Mülltrennung (statt Verbrennung) waren letztendlich auf die Waldsterbensdebatte zurückzuführen.

Jahrhundertsommer

1983 wollte die Sonne einfach nicht untergehen – das war diese Zeit, die wir eigentlich nur zwischen Schwimmbad und Eisdiele verbrachten. Ein Hoch wechselte das nächste ab, wir gingen nur noch barfuß. Im Juli stieg die Quecksilbersäule an vielen Orten auf 39 Grad, nachts kühlte es mit bis zu 26 Grad kaum merklich ab. Auch der damalige Deutschland-Rekord stammt aus jenem Sommer: Im oberpfälzischen Gärmersdorf wurde am 27. Juli 1983 eine Temperatur von 40,2 Grad Celsius gemessen.

Drei in einem Boot.

Blauer Dunst

Seit Ende 1984 hatten wir es schriftlich: Auf Zigarettenpackungen stand seitdem stets die höfliche Botschaft gedruckt: „Der Bundesgesundheitsminister: Rauchen gefährdet Ihre Gesundheit. Der Rauch einer Zigarette dieser Marke enthält nach DIN durchschnittlich … mg Nikotin und … mg Kondensat (Teer)." Dass Rauchen schädlich war, schien bis dahin Geschmackssache gewesen zu sein.

Es kam die siebte Klasse mit einem neuen Fach: Biologie. Da wurde dann gleich das Rauchen zum Thema. Parallel wurden an den Schulen „Raucherecken" und „Raucherhöfe" eingerichtet. Hinderte es uns am Rauchen? Nicht wirklich. Mit dem Alkohol war es ja nicht anders: Das Verkaufsverbot für Jugendliche unter 16 erschwerte den Konsum, aber wenn man die richtigen Freunde hatte … Probiert wurde er auf den Volksfesten wie Kirmes oder Schützenfest, doch da war er in der Regel so gepanscht, dass man von gefärbtem Wasser sprechen konnte. Kneipen? Noch kein Thema. In Diskotheken kamen wir noch nicht rein. Dennoch kannten wir uns aus – beim Alkohol aus der Fernsehwerbung („Wenn einem also Gutes widerfährt …") und bei den Zigarettenmarken aus gedruckten Anzeigen: Eingeprägt haben sich uns die Marlboro-Cowboys und das – damals noch langweilige – Kamel von Camel.

35 Stunden

Es war der längste Arbeitskampf in der Geschichte der Bundesrepublik Deutschland: Eine aufgehende Sonne, daneben die Zahl 35 – Symbol der Gewerkschaftsbewegung für die 35-Stunden-Woche bei „vollem Lohnausgleich". Die Forderung nach Arbeitszeitverkürzung von 40 auf 35 Stunden hatte ursprünglich die IG Metall in der von Krisen geschüttelten Stahlindustrie aufgestellt, andere Gewerkschaften wie die IG Druck schlossen sich an. 1984 gab es die ersten Streiks in Nordwürttemberg/ Nordbaden und Hessen um die Einführung der 35-Stunden-Woche – insgesamt sollten fast 400 000 Arbeitnehmer in den Ausstand gehen, das waren so viele wie seit 30 Jahren nicht mehr; mit sieben Wochen der längste Streik in der Geschichte der IG Metall. Nicht nur die Autoindustrie, auch Betriebe der Chemie- und Textilbranche waren betroffen. Die Unternehmen reagierten mit der Aussperrung von fast einer halben Million Arbeitnehmern, am Ende einigte man sich auf 38,5 Stunden ab dem Jahr 1985.

Die Spider Murphy Gang sorgte für gute Laune.

NDW

Das Phänomen NDW begann zwar schon Anfang der 80er, richtig gepackt hat es uns 72er aber erst um 1983/1984, mit langsam beginnender Pubertät. Songs wie „Da da da" von Trio, Nenas „99 Luftballons" oder „Skandal im Sperrbezirk" von der bayerischen Band Spider Murphy Gang waren in aller Munde, sie wurden auf Feten gespielt, auf den Titelseiten der Bravo wurden die neuen Stars hofiert und wir trugen die Namen unserer Stars und ihre Hit-Titel auf Federtaschen und Heften verewigt. Die „Neue Deutsche Welle" hatte es seit etwa 1976 gegeben, doch erst Ende 1979 verbreitete sich der Name als Sammelbegriff für diese aus dem Punk- und Wave-Stil entsprungene, oftmals sozialkritische Untergrundmusik, deren deutschsprachige Texte mit steigender Popularisierung immer alberner wurden. Die politischen Botschaften von „Fehlfarben" und den wilden, punkigen Wegbereitern wie „Ton Steine Scherben" oder „Die Toten Hosen" verstanden wir gerade einigermaßen, da war der Zauber auch schon vorbei. Mitte der 80er fiel NDW wie ein Strohfeuer in sich zusammen. Der Markt war übersättigt, zu viele neue Bands und Labels wollten vom vermeintlich riesigen Kuchen profitieren, die Pioniere hatten sich, teilweise entsetzt über den Rummel, in die innere Emigration verzogen. Die Legende hat überlebt – auf NDW-Partys beschwört unsere Generation sie noch heute.

Von Bändern und Rillen

Bereits Anfang der 80er wurden die ersten Kompaktschallplatten, CD genannt, von Philipps und Sony entwickelt. Auf unsere Märchenstunde und auch die Hitparade später hatten sie keinen Einfluss. Dafür war die neue Technik noch viel zu teuer – und nutzlos für uns, denn wir wollten nicht nur abspielen, sondern auch die neuesten Stücke von Freunden oder aus dem Radio aufnehmen. Dafür handhaben wir lieber mit artistischer Routine unseren Kassettenrekorder. Während also die CD unter großem öffentlichem Interesse auf der Berliner Funkausstellung 1981 Furore machte, wechselten wir wie Hütchenspieler zwischen „Stop", „Play" und „Record", und bei allzu häufigem Gebrauch der meist billigen Musikkassetten gab's Bandsalat. Kassettenrekorder standen ab Ende der 70er für um die 100 Mark unter dem Weihnachtsbaum. Star im Kinderzimmer blieb der Plattenspieler. Die Vinylplatte, für uns mit konkurrierenden Erinnerungen an die Brüder Grimm, die Hitparade und später

NDW verbunden, wurde zwar Anfang der 90er für tot erklärt, doch später stiegen die Verkaufszahlen wieder, und so ist auch dieser Begleiter aus unseren Kindertagen so vital wie wir selbst!

Anfang der 80er baumelte uns dann ein Walkman um den Hals. Damit konnten wir unsere selbst aufgenommenen Musikkassetten überall hören – zumindest solange die Batterien voll waren.

Fröhliches Fest – mit Musik im Ohr.

Seiltanz in die Zukunft

Konfirmation

Nach der Vorstellung einiger waren wir schon mit 14 wahlmündig – zur Wahl
unseres Glaubens. Die Konfirmation stand an. Die „Katholen", wie wir sie
nannten, waren ein paar Jahre vor uns dran mit der Erstkommunion und
Firmung, die Bilder glichen sich. Vor allem die „Wahl" war natürlich nur symbo-
lisch gemeint. Alternativen wurden uns nicht ernsthaft vorgeschlagen. So
übernahmen die meisten die Religion ihrer Eltern. Dazu gab's ein Jahr lang
Kommunions- oder Konfirmandenunterricht, in „Konfus", auch „Konfis" verball-
hornt. Es wurden Freizeiten veranstaltet, man traf sich abends mit dem Pfarrer
und sang zur Gitarre neue und alte Lieder. Wirklich stressig empfanden viele
von uns die Tournee durch die Herren- bzw. Damenoberbekleidungsetagen.
Schwarzer Anzug für die Jungen, schwarzer Rock und weiße Bluse für die

Chronik

In Jackett und Turnschuhen zur Konfirmation.

Mädchen, das war Standard. Gelegentlich gab's schon sehr wagemutige
Abweichungen in Blau, bei den Mädchen in Dunkelrot. Beim Gottesdienst
selbst gab es nicht viel falsch zu
machen. Was war man nicht alles bereit
in Kauf zu nehmen, für – für was
eigentlich? Klar, viele dachten nur an
die Geschenke – selbst vom Nachbarn
gab es immerhin noch einen „Zehner"
im Briefumschlag mit Gratulationskarte.
Insgesamt mussten schon „1000"
(Mark) drin sein. Glaube, Liebe, Hoff-
nung? Das war uns eher schnuppe. Wir
waren jung. Die Kirche sah uns fortan
höchstens zu Weihnachten wieder.

Der Becker-Boom

Ein Jahr zuvor hatte es nicht geklappt, aber das war kein Hindernis für die Karriere des „Bobbele" – Boris Becker siegte im Sommer 1985 erstmals souverän auf dem „heiligen" Rasen von Wimbledon. Und weil es so schön war, im nächsten Jahr gleich noch einmal. Mit dem rothaarigen 17-jährigen Hünen, der da die Profis des Welttennis mit seinen gewaltigen Aufschlägen vom Platz fegte, gewann vor allem das deutsche Tennis. Da der Erfolg anhielt, fachte er eine Begeisterung an, die später als „Becker-Boom" bezeichnet wurde. Überall schossen neu gegründete Clubs wie Pilze aus dem Boden, die Vereine freuten sich über unzählige junge Neumitglieder, und das Image des Reichen-Sports, das Tennis bis dato gehabt hatte, war in den Hintergrund getreten. Auch in der Weltrangliste tauchten immer mehr Deutsche auf: Steffi Graf begeisterte bei den Damen, und der Höhepunkt war 1988 erreicht, als die deutsche Mannschaft grandios im Davis Cup, dem Tennis-Weltmeisterturnier für Mannschaften, siegte.

Auch in unserem Ort wurde ein neuer Tennisverein gegründet, an der Schule gab es eine Tennis-AG, die mangels Kapazität eine Warteliste aufmachen musste, und viele von uns probten erstmals den Sport zwischen Grundlinie und Netz.

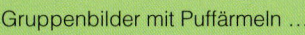

Gruppenbilder mit Puffärmeln …

… und schmalen Krawatten.

Der Tanz geht los

Noch einer von diesen bürgerlichen Initiationsriten war die Tanzstunde. Unter allgemeiner Anteilnahme – insbesondere hämisch grinsender großer Geschwister, die hatten das ja schon hinter sich – ging's zur Tanzschule. Dort warteten allerdings nicht mehr die angestaubten Anstandslehrer von anno dazumal, sondern flippige Mittdreißiger, die sich in Disko-ähnlichen Räumen im Schummerlicht bemüht jugendlich gaben. Kichernd oder ernst (je nach Konstitution) begaben wir uns dorthin, Mädchen wie Jungen. Kürzlich hatten wir einander noch geschubst, geboxt oder ein Bein gestellt, und nun miteinander tanzen?

Der Stoff blieb der gleiche wie der unserer Eltern: Standard- und Lateintänze, im Grundkursus auf eine Figur pro Tanz beschränkt, die uns zum ewigen Hin- und Herhüpfen verdammte. Es sei denn, wir belegten den weiterführenden Fortgeschrittenen-Kursus. Wechsel-schritt-und-Tep … Meist hatten speziell die Jungen nach dem Anfängerkursus genug, verschwanden von der Wallstatt und begnügten sich mit einer unverfänglichen Urkunde sowie der Genugtuung, so einigen Partnerinnen gehörig auf die Füße getreten zu sein. Die Mädchen machten oft weiter – wo nahmen die bloß die Partner her? Das Seltsame: Nach dem Abtanzball unter Diskokugeln und Stroboskoplicht war der Tanz meist schon wieder aus. Wir beschäftigten uns anschließend nur noch damit, das Gelernte möglichst schnell wieder zu vergessen. Was uns ausnahmsweise sogar gelungen sein dürfte.

Die Entdeckung der Politik

Ein neues Schulfach feierte Urständ: Sozial- oder Gemeinschaftskunde. Es sollte uns in die Geheimnisse des Zusammenlebens einführen, vor allem auf politischem Niveau. Endlich wussten wir, dass wir in einer Demokratie lebten, trotz Stimmbruch bald zwei Stimmen haben würden und was hinter der Mauer passierte. Die meisten verdösten jene – und andere – „Unterrichtseinheiten". Die Gegenüberstellung der Systeme BRD und DDR waren denn auch die spannendsten Themen jener Zeit, die von Sozialkunde- wie Geografielehrern bemüht sachlich vorgetragen wurden. Mein persönliches Highlight ist heute noch eine Diskussion darüber, was uns zum Thema „Wiedervereinigung" einfiel: nicht viel. Keiner konnte sich so recht vorstellen, was das bringen sollte. Das Ergebnis verblüffte den betreffenden Lehrer. Jahre später sollten wir uns wundern, was das bringen sollte. Aber da hatte sich bei vielen schon ein politisches Bewusstsein gebildet, über dem an jenem lustlosen Nachmittag wohl noch gebrütet wurde. Jedenfalls zeigte sich: Unsere Generation war schon derart an zwei deutsche Staaten gewöhnt, dass sie sich mit der gewaltsamen Teilung ohne Weiteres abgefunden hatte. Abgesehen von unseren Ultralinken, „Anarchos" genannt, die provokative „Nazis-No"-Aufkleber auf ihren gebrauchten Bundeswehr-Munitionstaschen kleben hatten, schlaue Sprüche wie „Nie wieder Deutschland" auf Toilettentüren schmierten und meist auf dem Raucherhof anzutreffen waren. Aus Mangel an echten Nazis führten sie ihren gewaltlosen politischen Kampf vor allem gegen Lehrer, Schulleitung und andere „Faschisten", über deren Missetaten sie nachmittags leidenschaftlich im „JUZ" (Jugendzentrum) diskutierten. An den Wochenenden setzten sie ihren Protest dem Vernehmen nach auf Großdemos an der Hamburger Hafenstraße, in Wackersdorf oder anderswo fort. Einmal wurde die Masse der Mitschüler aufgerüttelt. Als einer der Paradiesvögel beim Unterrichtsthema „RAF" seine Sympathie für deren terroristische Motive bekundete, regte sich unter den politisch meist desinteressierten Zeitgenossen Widerspruch. Immerhin.

Tschernobyl

Erst drei Tage später sollte die Wahrheit an den Tag kommen: Im Atomkraftwerk von Tschernobyl, einer Kleinstadt unweit von Kiew in der Ukraine, fanden in der Nacht zum 26. April unerlaubte Experimente statt, die außer Kontrolle gerieten und zu einer Explosion des Reaktors führten. Radioaktive Gase entströmten über zehn Tage in die Luft und bildeten giftige Wolken, die im Verlauf der nächsten Wochen über Teilen von Europa abregneten. Tausende von freiwilligen Helfern zogen sich Strahlenkrankheit zu, als sie ohne nennenswerten Schutz die Reste der Reaktors aufräumten und die radioaktiven Trümmer mit einer Betonhülle umgaben. Der Reaktorbrand setzte 30- bis 40-mal so viel Radioaktivität frei wie die Hiroshima-Bombe. Anfangs versuchten die sowjetischen Behörden die Katastrophe geheim zu halten und ließen vor allem die eigene Bevölkerung in tödlicher Ahnungslosigkeit.

Wir erfuhren von dem „schweren Atomunfall" in der Tagesschau am Abend des 29. April – die Aufregung war groß: Konnte man noch Obst und Gemüse von den Feldern essen, wie war es mit Milch von Kühen, die in dieser Zeit ja schon auf der Weide waren? In der Ukraine wurde eine 30-Kilometer-Zone um das Atomkraftwerk evakuiert; mehrere Zehntausend Menschen verloren ihre Heimat. Doch das war erst der Anfang; die Folgen dieses Unglücks dauern bis heute an. Über die Zahl der Opfer sind Experten uneins, die Schätzungen schwanken zwischen etwa 5000 bis zu mehreren 100 000. Zugleich wurde Millionen von Menschen in Europa und auf der Welt schlagartig klar, mit welchen Risiken Atomenergie behaftet ist.

Demo gegen die Kernkraft.

15. bis 18. Lebensjahr

High-Tech-Heckmeck

Waren die 60er- und 70er-Jahre die Zeiten des ungebremsten Wachstums gewesen, zeigten die 80er erst recht, was möglich war: Bahnbrechende Erfindungen brachten Hightech ins Wohnzimmer. Ob Videorekorder, CD-Spieler, Videokamera oder Faxgerät, alles sah man als Erstes bei Familie Baier (jeder von uns hatte mindestens eine Familie Baier in der Nachbarschaft) – vielleicht der Grund, warum es mit der Wirtschaft bis in die 90er-Jahre so boomig bergauf ging. Vielleicht auch ein Grund, warum es anschließend mit dem Konsum so bergab ging: Die Baiers hatten einfach schon alles. Oder sie sind arbeitslos geworden.

  Wach sein mussten wir, wenn im Fernsehen die Knaller der öffentlich-rechtlichen Sendeanstalten angesagt wurden: 21:45 Uhr begann jeden Dienstag im ZDF „Dallas", die unendliche Saga um die ölbohrende texanische Familie Ewing. Sie lief bis 1991, sodass auch wir irgendwann eine Chance bekamen, die Intrigen und Abenteuer um Bobby, J.R., Sue Ellen und all die anderen bis zum Schluss jeder Folge anzuschauen, denn bis halb elf fernzusehen war unter der Woche in unserem Alter nicht selbstverständlich. Unsere Eltern frohlockten: Das neue Druckmittel „Dallas-Verbot" sorgte für bemerkenswerten Gehorsam, vorzugsweise an den letzten zwei Tagen vor jedem Dienstag. Zwei Jahre später wurde mit dem „Denver-Clan" gleich noch eine Öl-Oper hinterhergeschickt, aber sie lief nur bis 1989. „Denver" wirkte für die meisten von uns doch immer nur wie eine Kopie – das Original stammte aus Texas, und J.R.'s Cowboyhut erinnerte uns auch noch an die geheimen Abenteuer unserer Kindheit.

Nähe zum Bildschirm schafft Life-Atmosphäre.

Kanzler und Arbeitslosigkeit

Als Bundeskanzler Helmut Kohl im Herbst 1982 mit der Machtübernahme der CDU die „geistig-politische Erneuerung" ankündigte, gab es offiziell 1,6 Millionen Arbeitslose. Zwei Jahre später waren es 2,3 Millionen. Die Arbeitslosigkeit wurde immer mehr zum Thema im öffentlichen Leben. Kohl auch – über den behäbigen Pfälzer, der mit ungerührter Heiterkeit böse Kritik ebenso wie gut gemeinte Anregungen ignorierte, gab es so viele Karikaturen wie noch nie zuvor über einen Bundeskanzler. „Birne" wurde er bald genannt, sein Leibesumfang schwoll auf Zeichnungen um das Zehnfache, und in den Pausen kursierten vielerlei Witze – oft hatten sie gar keinen politischen Hintergrund, sondern waren nur die guten, alten Ostfriesenwitze, in die einfach sein Name einmontiert worden war. Drei repräsentative Kostproben:

Relativ politisch: Helmut Kohl verabschiedet Margret Thatcher am Flughafen und bedankt sich artig für ihren Besuch: „Und – vergessen Sie nicht – viele Grüße an Ihre Frau Gemahlin!"

Etwas weniger politisch: Was ist der Unterschied zwischen den USA und Deutschland? Die Amerikaner haben: Ronald Reagan, Bob Hope, Stevie Wonder, Johnny Cash. Wir haben: Helmut Kohl, no hope, no wonder, no cash.

Gar nicht politisch: Der Bundeskanzler beim Papst: „Ich freue mich, dass ich gerade heute an Ihrem Namenstag hier sein darf", strahlt Helmut. Meint der Papst: „Aber Herr Kohl – heute ist weder Johannes noch Paul!" Helmut: „Nein – aber der Zweite."

Manni und Trabbi

Kurz nach den Kohlwitzen kamen die Mantafahrer dran – wie so oft ging es um den Doofen schlechthin, motorisiert mit dem einstigen Traumwagen der kleinen Leute, dem Proleten-Porsche Opel Manta. Mit Fuchsschwanz an der Antenne und ganz viel Spoiler fuhr „Manni" damit auf Discotour, bekleidet mit Mantaletten (Cowboystiefel) und gestylt mit „Vokuhila"-Frisur (vorn kurz hinten lang), die Tolle wurde auch gern als „Nackenspoiler" bezeichnet. Seine Sprache zeichnet sich vor allem durch reichliche Beigabe des Idioms „Ey" aus. Auf dem Beifahrersitz natürlich seine „Mantarine", vorzugsweise Friseuse und blond – womit wir schon bei der nächsten Witze-Generation wären, den Blondinen-Witzen. Sie kamen direkt nach der Manta-Manie, Ende der 80er-Jahre, und wurden pünktlich zur Wiedervereinigung kurzzeitig von den Trabifahrer-Witzen abgelöst. Zum Beweis der kulturellen Unverzichtbarkeit dieser Volkskunst drei der schönsten Mantafahrer-Witze:

Was geht einem Mantafahrer als Letztes durch den Kopf, wenn sein Auto an einem Baum zerschellt? Antwort: der Heckspoiler.

Wie bringt man das Hirn eines Mantafahrers auf Erbsengröße? Antwort: Man muss es aufblasen.

Wofür steht die Typenbezeichnung „GTE" auf dem Manta? Antwort „GeTuned, Ey!"

Das war er, der Manta der ersten Serie.

Sucht nach Einsen und Nullen

Irgendwann waren einige von uns infiziert. Meist waren es Jungen. Man merkte es daran, dass sie nicht mehr in den Unterrichtspausen Skat spielten wie bisher, sondern sich zu seltsamen Gesprächen trafen. Stichworte wie „Level", „Ladezeit", „Basic", „Bytes" und „Floppy" schienen nicht Eingeweihten eine mysteriöse Geheimsprache, die nur ein geweihter Kreis von Erleuchteten verstehen konnte. Oft waren es die eher unscheinbaren, zurückhaltenden Zeitgenossen, die weder im Sportunterricht noch auf Partys große Taten vollbrachten. Nun genossen sie es sichtlich, den anderen etwas voraus zu haben. Worum ging es? Natürlich um Computer. Gegen heutige PCs wirken die damaligen Daddelkisten von Atari und Commodore wie Rechenschieber, aber sie waren ja auch nicht zum Rechnen vorgesehen: Vor allem konnte man damit prima Spiele spielen – wenn man Geduld hatte: Nach dem Anschalten des Rechners und der Routine des Hochfahrens galt es, kryptische Befehle in den leeren Bildschirm zu tippen und nochmals lange Minuten Ladezeit für ein Spiel

abzuwarten. Denn die Ur-PCs
hatten keine Festplatte – alles
musste zugefüttert werden, und
zwar über „Datasette" und das
dazugehörige Lesegerät. Disket-
ten waren revolutionäres Neuland,
anfangs hatten sie nur wenige
Auserwählte.

Daddeln bis der Arzt kommt.

Gespielt wurde meist Zweidimensi-
onal, der Punktefresser „PacMan", die
Sportsimulation „Summer Games" oder das indizierte Schießspiel „Blue Max".
Berühmt war „Elite", ein komplexes Weltraumspiel mit neuartiger 3-D-Grafik,
das eigentlich nur aus Ladezeit bestand. Dafür – oder deswegen – konnte man
es Tage und Nächte spielen. Einige von uns taten das auch und sahen am
Morgen danach im Unterricht entsprechend umnachtet aus. Gelegentlich raffte
einer der C64-Freunde sich auf und startete den Beweis, dass Computer zu
mehr taugen: für das Programmieren von Vokabeltests etwa oder zur grafi-
schen Darstellung von Funktionen aus dem Matheunterricht. Die meisten von
uns blieben skeptisch; was vielleicht auch am Preis lag: Ein C64 kostet
anfangs 1495,00 Mark, was für Jugendliche eine schier unerschwingliche
Investition darstellte. Entweder man hatte spendable Verwandte oder man
„musste" so ein Ding einfach haben und sparte es sich Monat für Monat vom
Taschengeld zusammen. Es gab auch ein paar Lehrer, die an der gleichen
Krankheit laborierten wie wir – sie bastelten ihren Unterrichtsplan damit oder
gründeten Computer-AGs.

C64 – der erste Volkscomputer

Commodore Business Machines (CBM)
hatte ursprünglich Bürorechner produziert.
Anfang der 80er-Jahre nahm Firmenchef
Jack Tramiel ein neues Projekt in Angriff:
„Computer für die Massen, nicht für die
Klassen" lautete sein Motto. Der C64 sollte
ein Volkscomputer werden. Dieser ehrgei-
zige Plan ist aufgegangen: Der „Heimcom-
puter" wurde etwa elf Jahre lang produziert
und ist mit über 17 Millionen verkauften
Exemplaren der bisher meistverkaufte
Computer der Welt. Er besaß den für
heutige Verhältnisse lächerlichen, aber
damals üppigen Arbeitsspeicher von
64 Kilobyte und ein ROM von 20 Kilobyte.
16 Farben waren darstellbar, Umlaute nicht.

Börsen- und andere Spiele

Das ganze Leben ist ein …

Den „Schwarzen Montag" am 19. Oktober 1987 hatten wir kaum bewusst miterlebt, wer interessierte sich mit 15 schon für Wirtschaft, und dann noch Finanzen? Ein Jahr später sollte sich das ändern: In der zehnten Klasse lernten wir „zocken" – in vielen Schulen Deutschlands wurde seit 1983 in Zusammenarbeit mit den lokalen Sparkassen das „Planspiel Börse" gespielt, auch „Börsenspiel" genannt. Ziel des Spiels: Mit einem fiktiven Startkapital von 50 000 Mark konnten Schülergruppen über mehrere Wochen alles auf dem Markt kaufen, was es gab – nach echten Kurswerten. Sieger wurde am Ende die Spekulantengruppe, die am meisten Gewinn erzielt hatte. Privat spielten wir nicht nur ums große Geld: Gesellschaftsspiele wie „Hase & Igel", „Scotland Yard" und das gute, alte „Monopoly" waren beliebt auf Kurstreffen und Partys, auch MB-Klassiker wie „4 gewinnt" oder das sagenhafte „Spiel des Lebens" wurden immer wieder gern herausgekramt.

Die Wochenenden waren aber für Disco oder Kneipenbesuch reserviert, wobei natürlich elterliche Ausgehzeiten zu berücksichtigen waren – per Fahrrad oder Mofa erreichten wir in der Regel unser Ziel, die wenigen Glücklichen besaßen ab 1988 den „80er"-Führerschein und konnten ein knatterndes Mokick oder einen Motorroller über Bundesstraßen bewegen.

Exxon Valdez

Wasser auf die Mühlen von Umweltschützern und Fortschrittsskeptikern war die Katastrophe des Supertankers Exxon Valdez vor der Küste Alaskas. Das 300 Meter lange Schiff lief im Frühjahr 1989 nachts auf ein Riff und verlor 40 000 Tonnen Rohöl, die 5000 Kilometer Küste verseuchten und unzählige Fische und Vögel töteten. Der Unfall wäre vermeidbar gewesen, denn der Kapitän lag betrunken in tiefem Schlaf, sein Stellvertreter war für Navigation in Meerengen nicht ausgebildet. Da das Schiff keinen Doppelboden hatte, lief sofort ein erheblicher Teil der Ladung aus. In den nächsten Tagen waren die Medien voller Bilder von qualvoll krepierenden Seevögeln und ölverschmierten Stränden. 10 000 Helfer reinigten die Strände von Öl und Kadavern; das Betreiberunternehmen Mobile Oil zahlte eine Milliarde US-Dollar Schadensersatz. Die Fischer der Region warten allerdings noch heute auf Wiedergutmachung.

Das Ende der DDR

Der Mauerfall kam eindeutig zu früh für die 72er. Kaum hatten wir in Sozial-
kunde gelernt, dass es zwei politische Systeme in ebenso vielen deutschen
Staaten gab, da hörte auch flugs das eine schon wieder auf zu existieren – wir
hatten nicht mal Zeit, es genauer zu studieren. Mit einigem Glück ging die
„Studienfahrt" in der Mittel- oder Oberstufe nach Berlin, dann war uns zumin-
dest der obligatorische Ein-Tages-Besuch in die „Zone" vergönnt, mit dazu-
gehörigem Kontrollblick im Tränenpalast, Zwangsumtausch und Zentrum
Warenhaus auf dem Alex. Andere unternahmen noch im letzten Moment im
Sommer 1989 eine Tagesfahrt nach drüben. Als dann die Berliner jubelnd mit
Hammer und Meißel (und ohne Zirkel oder Sichel) auf der Mauer saßen und
sich an den Grenzübergängen die Menschen aus Ost und West im blauen
Dunst der Zweitakter weinend in den Armen lagen, mussten wir uns auf das
Abitur vorbereiten – oder
schnarchten gerade in der
Berufsschule oder steckten
schon mitten im Berufs-
alltag. Einige brachten es
immerhin fertig, schnell mal
an die Mauer oder Zonen-
grenze zu fahren und sich
das Jahrhundertereignis life
und in Farbe anzuschauen.

Party auf der
Berliner Mauer.

15. bis 18. Lebensjahr

Chronik der „Wende"

12. Juni 1987
Der US-Präsident Ronald Reagan reist zur 750-Jahr-Feier nach Westberlin. In seiner öffentlichen Rede vor dem Brandenburger Tor fordert er den sowjetischen Parteichef Gorbatschow auf, die Mauer niederzureißen.

2. Mai 1989
Ungarn beginnt mit dem Abbau der Grenzbefestigungen zu Österreich.

8. August 1989
Die Ständige Vertretung der Bundesrepublik in Ostberlin – und 5 Tage später auch die in Budapest – wird wegen Überfüllung für den Besucherverkehr geschlossen. Über 130 DDR-Bürger (180 in Budapest) halten sich in der Vertretung auf, um ihre Ausreise zu erzwingen.

19. August 1989
In Sopron/Ungarn kommt es zur größten Massenflucht von Bürgern der DDR seit dem Mauerbau, als etwa 900 Menschen über die Grenze nach Österreich flüchten.

4. September 1989
In Leipzig findet die erste Montagsdemonstration im Anschluss an das traditionelle Friedensgebet in der Nikolaikirche statt.

10. September 1989
Ungarn lässt ohne vorherige Absprache mit der DDR-Regierung alle dort anwesenden ausreisewilligen DDR-Bürger in den Westen ausreisen.

1. Oktober 1989
Sonderzüge aus Warschau und aus Prag mit etwa 6800 DDR-Flüchtlingen durchqueren die DDR. Dort versuchen ausreisewillige Bürger auf die Züge aufzuspringen.

18. Oktober 1989
Auf der 9. Tagung des Zentralkomitees der SED wird Erich Honecker „auf eigenen Wunsch" von allen Ämtern entbunden.

9. November1989
Auf einer Pressekonferenz verliest das DDR-Politbüromitglied Günter Schabowski beiläufig einen Beschluss des Ministerrates, dass private Auslandsreisen zukünftig erlaubt sind. Die Nachricht von der Reisefreiheit, die den Fall der Mauer bedeutet, schlägt weltweit ein wie eine Bombe. Tausende von DDR-Bürgern strömen in den Westen, sie werden dort jubelnd empfangen.

28. November 1989
Bundeskanzler Kohl legt ein „Zehn-Punkte-Programm zur Überwindung der Teilung Deutschlands und Europas" vor, das letztendlich zur Wiedervereinigung Deutschlands führen soll.

11. Dezember 1989
Erstmals wird bei den mittlerweile traditionellen Montagsdemonstrationen in der DDR der Ruf nach Wiedervereinigung laut.

14. März 1990

In Bonn treffen die Vertreter beider deutschen Staaten und die der vier Siegermächte des Zweiten Weltkriegs zu den „Zwei-plus-Vier-Gesprächen" über die deutsche Einheit zusammen.

13. Juni 1990

In Berlin wird mit dem endgültigen Abriss der 47 km langen Mauer begonnen. An vier Stellen bleiben Mauerreste als Mahnmal erhalten.

23. August 1990

Die Volkskammer beschließt mit der erforderlichen Zweidrittelmehrheit den Beitritt der DDR zum Geltungsbereich des Grundgesetzes der Bundesrepublik Deutschland am 3. Oktober 1990.

3. Oktober 1990

Die DDR tritt dem Geltungsbereich des Grundgesetzes bei. Die Bundesrepublik verfügt von nun an über die volle Souveränität.

Zwischen „Null Bock"
und „No future".

„Null Bock auf gar nichts"

Die 80er, was war das eigentlich? Mit einigem Abstand sieht heute für viele alles von damals nicht nur rosig, sondern extrem rosa aus, durchmischt von kräftigen Akzenten in Neongrün und Grellgelb. Die Epoche unserer Jugend war eindeutig von Exzessen geprägt – modischen, musikalischen und kulturellen. Seidenblousons in den schrägsten Farben, weit ausladende Blazer mit Schulerpolstern, schräg-bunt bedruckte Leggins und Stufenröcke mit Rüschen sowie bunte Lederkrawatten bedeuteten nicht unbedingt den Untergang des Abendlandes, vielmehr signalisierten sie freiwilligen Verzicht auf Seriosität im althergebrachten Sinn. In den 80ern nahm man sich und andere nicht mehr wirklich ernst, stellte mit Akribie alles infrage und glaubte auch nicht mehr bedingungslos an die Zukunft: „No future" war das Credo vieler. Ausgehend von der Punkbewegung Ende der 70er, war dieser nihilistische Slogan Mitte der 80er auch bei uns angekommen – kaum eine Klotür, in die dieser Spruch nicht gekratzt war. Damit einher ging die „Null Bock"-Einstellung, die von vielen Jugendlichen als eine Art passiver Protest gegen die Erwachsenenwelt gedeutet wurde, aber ihren Ursprung möglicherweise auch politisch auf die atomare Hochrüstung zurückführt. Mit dem NATO-Doppelbeschluss hatte die „Abschreckungsstrategie" der gegenseitigen Bedrohung einen Höhepunkt erreicht, NATO und Warschauer Pakt besaßen mit der „Overkillkapazität" so viele Atomwaffen, dass sie die Erde mehrfach hätten auslöschen können. Was schon Nena in den „99 Luftballons" sarkastisch besang, erschien vielen nur noch eine Frage der Zeit zu sein: die nukleare Vernichtung der Menschheit aufgrund irgendeines lächerlichen Irrtums. Wir lasen damals im Deutschunterricht das Buch „Die letzten Kinder von Schewenborn", das die Autorin Gudrun Pausewang 1982 als Jugendbuch verfasst hat. Es schildert aus der Perspektive eines Heranwachsenden die Geschichte eines Atomkrieges in Deutschland und die Zeit danach, in der die Überlebenden in den strahlenden Trümmern dahinvegetieren. Insbesondere der hoffnungslose Schluss hat viele von uns damals sehr mitgenommen. Es gab Diskussionen in Klassenzimmern, in denen Jugendliche ernsthaft versicherten, sie würden niemals eine Familie gründen angesichts der atomaren Bedrohung und der Umweltzerstörung. Düstere Prognosen, pessimistische Weltbilder, Angst vor allem und jedem waren verbreitet. „Null Bock auf gar nichts" reflektierte sich natürlich auch in der Einstellung zum Lernen und zum Unterricht. Bocklosigkeit war in vielen Unterrichtsstunden in der Mittel- und Oberstufe die Ursache für langweilige, träge dahinfließende Stunden zwischen Latein, Französisch, Physik und Religion. Nachmittags gab's Demonstrationen gegen Atomkraft, gegen Aufrüstung, gegen Tierversuche, gegen die USA und gegen die Apartheid Südafrikas. Dagegensein war ziemlich angesagt. Die 80er waren nicht nur oberflächlich, bunt und witzig, sie waren auch eine zutiefst politische Epoche, die viele von uns aufrüttelte. Kein Wunder, dass das Jahrzehnt mit einem echten Knalleffekt endete: Der Zusammenbruch der östlichen Diktaturen, der Fall der Mauer und erste Schritte zur Wiedervereinigung kamen für unsere Generation so unerwartet wie ein Lottogewinn. Für viele bedeutete es auch den Zusammenbruch ihres Weltbildes; daran hatten sie erst einmal zu kauen.

Freizeitgestaltung

Natürlich waren nicht alle nur dagegen, sondern manche auch dafür – für Umweltschutz und für soziales Engagement. Es bildeten sich in dieser Zeit viele lokale Umweltgruppen, auch an Schulen wurde der Naturschutz-Gedanke in die Praxis umgesetzt. Wir erkannten manche Mitschüler nicht wieder: Statt am Wochenende auszuschlafen, standen sie bereitwillig früh auf und fuhren in den Wald, um dort Müll zu sammeln, Hecken zu pflanzen oder Insekten zu bestimmen. Richtig aktiv wurden wir anderen meistens erst in den Ferien: Wir entdeckten die Welt! Wie geschaffen war dafür die Lizenz zur Europareise – das Interrail-Ticket. Es war wie wir: ein waschechter 72er! 21 europäische Bahngesellschaften

Null Bock auf Abgründe …

hatten 1972 dieses zeitlich begrenzte Jugendticket eingeführt – mit der altruistischen Absicht, uns die Schönheiten unseres Kontinents näherzubringen. Ab 16 haben wir davon rege Gebrauch gemacht und vorzugsweise in den Sommerferien Eisenbahnkilometer gefressen. Die Züge waren voll von Rucksackträgern, eine fröhliche, Müll produzierende und häufig recht beschwipste Gemeinde, die sich radebrechend auf Englisch und Französisch unterhielt. Straßencafé-Besitzer von Athen bis Zürich rümpften die Nase, weil immer mehr Jugendliche ankamen, ihren Rucksack in die Ecke warfen, eine einzige Cola bestellten und dann stundenlang die besten Terrassentische besetzten. Als Interrailer war man ein verwöhnter Reisender – wenn es einem an einem Ort zu langweilig wurde, ging's ratfatz zum Bahnhof und über Nacht eben kurz 1000 Kilometer woanders hin.

Zugleich war diese Art des Reisens von einer gewissen Verrohung begleitet: Nächte auf Parkbänken, Bahnhofshallen oder am Strand wechselten ab mit Campingferien … Ab April 1986 kostete die Fahrkarte in die Freiheit satte 444 Mark; die wir uns durch schikanöse Jobs wie Dosenschleppen im Supermarkt oder Zeitungaustragen zusammengespart hatten. Zurück ging's spätestens, wenn das Ablaufdatum bedrohlich nahe gerückt war – mit hundert Adressen von unterwegs kennengelernten „Kollegen" im Gepäck.

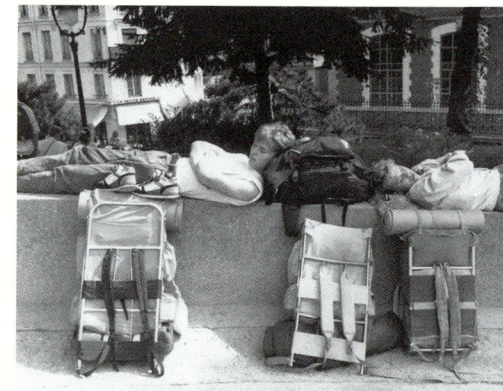

Reisemüdigkeit unter der Sonne des Südens.

Lehrjahre sind keine Herrenjahre

Guten Morgen, Meister! Ausbildungsplätze gab's in Hülle und Fülle. Auch Hauptschüler hatten gute Chancen, in ihrem Traumberuf eine Lehrstelle zu finden. Dann gab's das erste Gehalt – mehr als 400 Mark im Monat waren meist nicht drin, und so blieben die meisten von uns noch zu Hause im alten Kinderzimmer wohnen. Bei der Arbeit hatte sich nicht viel geändert für die ehemaligen Lehrlinge, die nun Azubis hießen: Der klangvolle neue Name verschonte nicht vor monotonen Hilfsarbeiterjobs, der abendlichen Werkstattreinigung und dem

Früher war da noch mehr Lametta.

Bierholen für den Meister. Und auf der Berufsschule ging das langweilige Lernen dann weiter.
Wer sich nach dem Hauptschulabschluss gefreut
hatte, endlich die Lehrer los zu sein, wurde eines
Besseren belehrt.

Weichen in die Zukunft

Wer nicht schon durch Hauptschulabschluss,
mittlere Reife oder Fachabitur die schöne Zeit
hinter sich gelassen hatte, machte – wenn alles
glatt lief – 1991/1992 Abitur. Zu einem komplexen
bürokratischen Apparat, der um die Vergabe von
Zensurenpunkten herum konstruiert war und den
es bei dieser Gelegenheit zu meistern galt,
gesellten sich weitere spannende Rituale. Eines

Was die wohl gerade ausbrütet?

der merkwürdigsten war das Ritual des Abistreichs. Es galt dabei, etwas Uner-
wartetes zu veranstalten, das den Unterricht bis zu einem erlaubten Maß behin-
derte, aber zugleich die Anwesenden unterhalten sollte. Ein Vielfaches der
Energie, die wir für Prüfungen und Freizeitgestaltung aufwandten, wurde in die
Kreation dieses Events gesteckt. Manche Jahrgänge schlossen einen Tag lang
die Schule ab, andere tauschten die Plätze mit dem benachbarten Gymnasium,
wieder andere bespritzten das gesamte Inventar mit Buttersäure oder gaben
ihrem Lehrinstitut einen neuen Namen – der Fantasie war keine Grenze gesetzt.
Anschließend zerstreuten sich die 72er. Viele Jungen legten Witz und Kreativität
für ein Jahr auf Eis und leisteten Zivil- oder Wehrdienst, Mädchen begannen das
fast schon obligatorische Studium, manche gingen vorher als Au-pair für ein Jahr
ins Ausland. Der Spaß schien unendlich weiterzugehen. Doch so schön sorglos
und unbekümmert wie damals ist es – wenn wir ehrlich sind – nicht wieder
geworden. Kein Grund zum Trübsalblasen, aber auch kein Grund, die Vergangenheit zu negieren. „Wir alle stammen aus unserer Kindheit wie aus einem
Land …“ Das lustige kleine Land können wir in guter Erinnerung behalten.